MARCELA MIRANDA
Tia do Inglês

PREFÁCIO DE JULIANA GOES

MENTE ABERTA, LÍNGUA SOLTA

Os segredos da aprendizagem acelerada de inglês para adultos

Diretora
Rosely Boschini

Gerente Editorial Sênior
Rosângela de Araujo Pinheiro Barbosa

Editoras
Carolina Forin
Juliana Fortunato

Assistente Editorial
Monique Oliveira Pedra

Produção Gráfica
Leandro Kulaif

Preparação
Fernanda Guerriero

Capa
Márcia Matos

Imagem de capa
Igillustrator/Shutterstock

Projeto Gráfico e Diagramação
Márcia Matos

Revisão
Wélida Muniz

Impressão
Edições Loyola

CARO(A) LEITOR(A),
Queremos saber sua opinião sobre nossos livros.
Após a leitura, siga-nos no **linkedin.com/company/editora-gente**,
no TikTok **@editoragente**
e no Instagram **@editoragente**,
e visite-nos no site
www.editoragente.com.br.
Cadastre-se e contribua com sugestões, críticas ou elogios.

Copyright © 2024 by Marcela Miranda
Todos os direitos desta edição são reservados à Editora Gente.
Rua Natingui, 379 – Vila Madalena
São Paulo, SP – CEP 05443-000
Telefone: (11) 3670-2500
Site: www.editoragente.com.br
E-mail: gente@editoragente.com.br

Dados Internacionais de Catalogação na Publicação (CIP)
Angélica Ilacqua CRB-8/7057

Miranda, Marcela
   Mente aberta, língua solta: os segredos da aprendizagem acelerada de inglês para adultos / Marcela Miranda. - São Paulo: Editora Gente, 2024.
   208 p.

ISBN 978-65-5544-469-8

1. Aprendizagem – Técnicas 2. Língua inglesa - Estudo e ensino I. Título

24-1856   CDD 370.15

Índices para catálogo sistemático:
1. Aprendizagem – Técnicas

Este livro foi impresso pela Edições Loyola em papel lux cream 70 g/m² em junho de 2024.

NOTA DA PUBLISHER

Não tem jeito melhor de começar do que dizendo *I'm so happy to celebrate Marcela Miranda's first book with us* [Estou muito feliz em celebrar o primeiro livro de Marcela Miranda conosco]!

Quando começamos a conversar sobre este projeto, desde o primeiro momento, Marcela me emocionou. Vivemos um contexto em que a busca por derrubar as barreiras do conhecimento e das relações geográficas é uma constante, estamos sempre conectados com o mundo todo. No entanto, em diversos cenários, essa conexão é rompida pelo medo e pela insegurança, porque nos faltam ferramentas de **comunicação. Nos falta a linguagem**. E é nesse lugar que *falar inglês* se torna uma oportunidade e um desafio. É considerado o idioma mais importante do mundo e estima-se que seja falado por um terço da população mundial.[1]

Ainda assim, no Brasil, apenas uma pequena parcela da população o domina. E mesmo pessoas que tenham estudado formalmente esta língua tão importante travam quando precisam se expressar em inglês, seja em uma viagem, em uma entrevista de emprego ou em uma conversa. A própria Marcela experimentou essa terrível sensação de bloqueio quando realizou o sonho de ir para o exterior pela primeira vez. Mesmo já sendo considerada fluente e tendo tirado as certificações oficiais de proficiência e fluência, quando ela se viu em outro território, todo o conhecimento ficou bloqueado.

---

[1] QUAL É o idioma mais falado do mundo? **National Geographic Brasil**, 17 maio 2023. Disponível em: https://www.nationalgeographicbrasil.com/cultura/2023/05/qual-e-o-idioma-mais-falado-do-mundo. Acesso em: 14 maio 2024.

Ela, então, resolveu entender o que tinha acontecido para ajudar outras pessoas a não enfrentarem mais o mesmo problema. Marcela, muito conhecida como Tia do Inglês nas redes sociais, decidiu estudar como o cérebro processa as informações, como podemos memorizar com mais eficiência e como um adulto aprende de verdade. E construiu um método de aprendizagem ativa, entregando em nossas mãos a chave para dominarmos o nosso próprio processo de aprendizado.

Ao final deste livro, você estará falando inglês. E aqui pouco importa se você é iniciante ou alguém que já tem conhecimento intermediário ou avançado, porque os direcionamentos da Marcela são valiosos e assertivos. Mas, mais do que aprender um novo idioma, eu já preciso lhe dizer: você será capaz de adaptar as ferramentas às quais terá acesso para aprender tudo que quiser.

Boa viagem *and I hope you enjoy this amazing travel* [e espero que aprecie esta viagem incrível]!

ROSELY BOSCHINI
CEO e Publisher da Editora Gente

AGRADECIMENTOS

Agradeço à minha mãe, Alicia Miranda, minha rainha e maior responsável por eu ter escolhido essa profissão que tanto amo. Ao meu pai, Roberto, meu grande guru espiritual e amigo fiel.

Aos meus filhos amados, Vitor Miranda e Pablo Miranda, que muitas vezes "me emprestaram" para os meus projetos, sabendo compreender que eu não podia estar presente, pois estava buscando meu propósito, e que muitas vezes trabalharam ombro a ombro para vê-lo acontecer.

Ao meu amigo irmão e mestre de programação neurolinguística, Júlio Pereira, que me ajudou a encontrar minha missão de vida e me despertou para a minha vida extraordinária, e à minha amiga querida Mirian Pereira, que foi fundamental na minha mudança de crenças e na minha cura como mulher.

Agradeço infinitamente aos amigos de alma Bruna Justus e Humberto Cordella, meus mentores de vida e fiéis escudeiros. À amada Rosely Boschini, que viu em mim mais do que eu mesma podia enxergar.

À querida e amada amiga Juliana Goes, que me inspira a protagonizar a minha vida e ter comando dela com leveza e liberdade.

Aos irmãos que Papai do Céu me deu, William Cury e Bianca Guimarães, que me mantêm sempre conectada com a minha espiritualidade e me apoiam em tantos projetos.

E finalmente ao amor da minha vida, William Alves, o homem mais incrível e bondoso que já conheci, meu sócio, parceiro e melhor amigo, que me lembra todos os dias quem eu sou, o que mereço e o que posso alcançar.

SUMÁRIO

INTRODUCTION
In the back of your mind (No interior da sua mente) _____ 13

CHAPTER ONE: As falhas do ensino _____ 22

CHAPTER TWO: Na prática, não funciona _____ 44

CHAPTER THREE: PNL e aprendizagem acelerada – reaprendendo a aprender _____ 67

CHAPTER FOUR: Mude o que acredita sobre si _____ 79

CHAPTER FIVE: O que é fluência para você? _____ 97

CHAPTER SIX: Conheça os seus sabotadores _____ 109

CHAPTER SEVEN: Entenda como praticar _____ 129

CHAPTER EIGHT: Aprenda por relevância _____ 144

CHAPTER NINE: Hora de aprender _____ 160

CHAPTER TEN: Autocuidado como fonte de aprendizado _____ 181

CHAPTER ELEVEN: Tenha coragem _____ 194

CHAPTER TWELVE: Mãos à obra! _____ 203

PREFÁCIO

por Juliana Goes

O título desta obra nos faz um convite sutil. Será que você foi capaz de perceber nas entrelinhas? O convite é uma provocação ao primeiro movimento necessário para que, de fato, seja possível acessar um novo paradigma sobre sua própria vida. Leia-se paradigma como a possibilidade de expandir seus próprios horizontes, possibilidades, resultados e potencial. Se você ainda não sente que foi verdadeiramente capaz de abrir sua mente para quão longe é capaz de chegar, para o potencial inesgotável que carrega dentro de si, digo que você não está só.

Somamos inúmeros motivos pelos quais nos resguardamos atrás de sabotadores, confundimos quem realmente somos ao nos identificarmos com tantos medos e inseguranças. Nos distanciamos da verdadeira essência, que não julga nem critica. Essa essência é seu reservatório de potencial, porém talvez tenha ficado desacreditada em meio à constante comparação, depreciação. Vindas de fora, do mundo externo e das pessoas e, inclusive, reflexo do que fazemos conosco, por dentro. No fim das contas, *let's be honest,* é muito mais provável se conformar com o insucesso do que assumir um lugar de protagonismo, em que damos a volta por cima e escolhemos viver uma nova realidade. Isso só acontece com o primeiro e mais importante movimento: de abrir a mente e se tornar inconformado.

Verdadeiros protagonistas são inconformados, talvez não por natureza e sim por, um dia, compreenderem que as rédeas da vida e de qualquer mudança estão na mão da pessoa certa: deles mesmos. *Although*, para que a virada comece a acontecer e aconteça com muito mais segurança, saiba quem eleva sua média. Quem faz diferença na sua vida, quem o orienta, ensina, guia. Saiba quem pode ser o amparo estratégico para destravar aspectos, tanto limitantes quanto possibilitadores, os quais talvez você ainda nem saiba que carrega.

Se você chegou até aqui, nesta obra, neste momento da sua vida, buscando mais, seja bem-vindo ao clube dos inconformados. Isso é motivo de honra para nós que um dia escolhemos mudar nossa própria vida e torcemos avidamente para que mais e mais pessoas despertem para o melhor que elas já são, descobrindo o melhor que podem ser.

Imagine uma menina de 16 anos, no auge de sua insegurança adolescente e da autossabotagem, quando começou a entender que existem pessoas capazes de extrair o melhor de nosso potencial. Pessoas capazes de injetar coragem, ânimo e bom humor em nossas camadas mais profundas do ser. Uma menina de 16 anos, que não teve condições de estudar inglês fora da escola, como a maioria de suas colegas. Intercâmbio? Sem chance nem de cogitar.

Com 16 anos, ela já sabia que queria estudar Jornalismo, seu sonho era viajar o mundo fazendo reportagens, só havia um elemento essencial nisso tudo: além do diploma e do emprego, precisaria de um inglês acima da média, um inglês fluente e de respeito. Naquele momento, sua mãe, conduzindo a maternidade de forma "solo", a ouviu, refletiu, entendeu seu porquê, fez milagres com suas economias e a presenteou com um curso de inglês. Não era qualquer curso de inglês, aquela mãe lhe deu também um *deadline:* "você tem dois anos de curso, faça o melhor dessa oportunidade".

Naquele momento, ela arregalou os olhos na intenção de um grande grito de vitória, e algo dentro dela se contorceu. Caramba! Dois anos? Suas amigas estudavam há tantos anos em escolas tradicionais de inglês e ainda estavam longe da fluência. O que ela, mera mortal, seria capaz de aprender em somente dois anos? Bom, não importa, o que ecoou foi o final da conversa, sobre fazer o melhor com o que se tinha naquele momento. E assim ela fez. Entretanto, não fez sozinha, fez ao lado de alguém que mudou sua vida. Ao lado de mais do que uma professora de inglês.

A professora era uma jovem mulher, mãe recente, autêntica, divertida, linda, inteligentíssima e extremamente habilidosa. Habilidade com a qual essa menina ainda não havia tido contato, habilidade de conexão humana, de perceber cada aluno, de identificar cada sabotador, de cuidadosamente remover camadas de insegurança e medo enquanto os fazia avançar. Com essa professora, a jovem aprendeu a acreditar e a confiar em si mesma. Uma conquista inesperada, significativa e valiosa, somada ao imenso ganho que a fluência em inglês traria.

Vinte anos se passaram, e a menina de 16 anos, surpreendentemente, aprendeu inglês em dois anos. Não qualquer inglês, mas uma segunda língua preparada para a vida real, aplicável, útil, diferenciada. Essa menina virou uma mulher que de fato viajou como repórter para vários países e fez dezenas de entrevistas em inglês. Sim, era o início de um sonho e deu tudo certo. Ela é palestrante internacional atualmente, inclusive em inglês.

Sim, essa menina sou eu. *You can call me* Juliana.

Agora, quem era a professora? Marcela Miranda, autora desta obra, autora de grandes transformações que vão imensuravelmente além da conquista de uma mente aberta, de uma língua solta e de um inglês fluente. Marcela nos permite, através de seu vasto repertório, a fluência emocional, a reprogramação de nossas próprias crenças, o aprendizado acelerado, pautado no que há de mais relevante quando o assunto é programação neurolinguística, andragogia e comportamento humano. Fui sua aluna, a trouxe para vida como uma grande amiga e hoje sou sua mentorada.

Esta obra é resultado de décadas de estudos sobre autodesenvolvimento e aprendizagem otimizada, de maneira humana e estratégica, aliando conhecimento e também autoconhecimento. Afinal, conhecer suas limitações mentais e comportamentais é um dos caminhos para a tal da mente aberta, a qual impacta positivamente sua performance, na vida *and in english*. Eu conheci a teacher Marcela muito antes de a Tia do Inglês "nascer". Logo no começo de sua carreira, ela era uma grande *outlier,* ou seja, um ponto fora da curva.

Ela já era uma inconformada diante das metodologias de aprendizagem convencionais, ela já era uma protagonista que olhava o ser humano além do aluno em sala de aula. Ela já era uma grande mentora capaz de exponencializar potenciais. Não imaginaria essa história diferente, ela nasceu para transformar vidas por onde passa. E que sorte a nossa que ela abraçou essa missão, com coragem, conhecimento, imensa dedicação, verdade, doses altíssimas de amor e de humor.

Esteja desde já disponível, sua mente passará a abrir conforme você avança nesta leitura. Daqui, você será capaz de extrair ferramentas avançadas para destravar não só a língua, mas sua vida e seu *mindset*. Esta obra nos revela caminhos valiosos para a expansão do *self,* a expansão inclusive de transformações positivas pelas quais nem imaginávamos que seríamos capazes de passar. Em breve, você já estará agradecendo por chegar aqui, inconformado, sinal de que, em algum lugar dentro de si, sabe que pode e merece mais. Pode ter certeza de que encontrou alguém que, simplesmente, é apaixonada por transformar vidas!

Be prepared and enjoy the ride.
And the reading, of course!

Se prepare e aproveite o passeio.
E a leitura, é claro!

Viva seu protagonismo.

INTRODUCTION

Eu diria que falar inglês é composto 80% de comportamento e 20% de técnica. Depende de hábitos e demanda exposição e coragem. Assim, se você não se sente bem consigo mesmo, se a sua autoestima não está elevada e a autoconfiança está abalada, é bem provável que você sinta vergonha ou fique em uma busca eterna pela perfeição: falar corretamente, ter uma dicção primorosa, um vocabulário impecável, e por aí vai. A questão, contudo, é que não conseguimos falar inglês se não <u>errarmos</u> primeiro. Sei disso pela minha experiência e por situações que eu vivi no começo da minha carreira. *Wanna check it out?* (Quer ver só?)

Sou filha de professora de inglês e tive uma jornada de contato com essa língua desde muito novinha. Aos 7 anos, comecei a fazer um curso tradicional e passei pelos processos que comumente encontramos por aí: de início, o verbo *to be* e palavras básicas, porém só conhecer expressões bem-construídas, com um pouco de *conversation* (conversação), ao chegar ao nível intermediário. Quando se dá conta, lá se foram cinco, sete, oito anos estudando inglês para sair do curso sem ter a certeza de que é fluente. Eu vivi essa história e já escutei isso centenas de vezes.

Quando finalmente me formei, duas amigas me pediram insistentemente para que eu lhes ensinasse inglês, pois queriam vivenciar um processo mais leve, com alguém que entendia do assunto – de fato, eu já tinha muito conhecimento – e que também fosse amigável e flexível no ensino.

Passei a dar aulas e me apaixonei. Percebi que ali existia um caminho muito gostoso no qual poderia trilhar a minha carreira e profissão. E, logo, os resultados apareceram. Minhas amigas conseguiram falar inglês razoavelmente rápido, e outros alunos chegaram como indicação. Cinco anos depois, aos 21 anos, eu já dava aulas para algumas pessoas e tinha duas certificações internacionais, ambas na Universidade de Michigan, nos Estados Unidos: a primeira era um Certificate of Competency in English (CCE); a segunda, um Certificate of Proficiency in English (ECPE), ou seja, um teste de competência e um de proficiência na língua – em ambos, caso tenha uma pontuação positiva, teoricamente você fala inglês como uma pessoa nativa.

Alguns anos depois, conversei com a minha mãe, e sentimos que era o momento de eu ter uma vivência presencial na língua inglesa. Vendi, então, o meu carro e desembarquei nos Estados Unidos, em junho de 1998, para fazer o que chamamos de *teacher development* (desenvolvimento de professor).

Até aí, tudo bem. Estava em uma carreira de que gostava, tinha resultados com os meus alunos, e também certificações, falava muito bem inglês e estava desembarcando em uma nova etapa da minha jornada, que seria viver a experiência de estar em um país estrangeiro por dois meses para desenvolver ainda mais o que eu considerava, na época, ser muito bom. Cheguei lá achando que o meu inglês era bárbaro e que eu ia arrasar; afinal de contas, eu era professora de inglês, com duas certificações internacionais, e meus alunos apresentavam resultados maravilhosos em sala de aula.

O plano era passar vinte dias com uma tia e depois seguir sozinha para Nova York. Desci no aeroporto de Miami pela manhã. Era verão, a temperatura estava beirando os 35 °C. Precisava ligar para a pessoa que ia me buscar e avisar que o meu voo para Orlando ia atrasar. Para falar com a carona que me levaria ao primeiro destino, peguei o meu telefone, rememorei a Unidade 9 do Livro 2 de inglês – a aula de telefone – e sabia o que precisava falar: *Hello, can I talk to…?* (Olá, posso falar com…?). A resposta foi: *Shfur comiti ghty?* Desliguei. O meu coração acelerou, e eu pensei: *Eu não entendi nada do que a mulher falou. E agora? O que eu faço? Respira, Marcela, respira. Você é professora de inglês, menina, pega o telefone de novo e vai.*

Long story short (resumindo um pouco a ópera), liguei de novo e mais uma vez não entendi nada. E foi isso! Até hoje não sei o que ela falou. Desliguei o telefone e fiz o que qualquer pessoa de 21 anos faria no meu lugar: chorei. Chorei muito. Chorei tanto que as pessoas que passavam na rua me davam lencinhos, preocupadas comigo. Fiquei desesperada, mas essa situação foi o início da minha jornada e do motivo pelo qual estamos aqui agora, eu e você.

A partir daquele momento, comecei a internalizar um discurso muito poderoso e perigoso, que provavelmente você tem aí dentro: o da incapacidade. Pensava: *Eu devo ter algum problema. Devo ser muito burra, porque não é possível que isso esteja acontecendo. Estudei inglês por muitos anos, sou professora, tenho certificações, mas não consigo conversar com as pessoas? Como isso é possível?* Mas infelizmente é! E trataremos disso no devido tempo.

Nessa experiência, fiquei em Orlando e depois fui sozinha para Nova York. Ao chegar lá, descobri que o meu inglês *was not enough* (não era o suficiente). Eu não conseguia entender muito bem o que as pessoas falavam nem conseguia me comunicar. Tinha vergonha do meu sotaque, esquecia determinadas palavras ou expressões e travava em alguns momentos. O meu inglês era bem composto e eu sabia palavras rebuscadas, mas elas não serviam para a vida real. Estudei com catorze professores e todos os dias me sentia inferior. Chorava, arrumava as minhas malas e dizia a mim mesma: "Hoje eu vou embora". No fim, acabei ficando porque tinha feito um investimento muito alto para estar lá.

Hoje, sei que estava em um processo de depressão, tendo ganhado muitos quilos e sem vontade de conhecer os lugares. Para você ter uma ideia, só fui conhecer a Broadway e o Central Park, dois dos maiores pontos turísticos da cidade, na minha última semana no país, e só porque meus amigos insistiram muito.

Voltei de lá com um incômodo muito grande. Sentia muita raiva, frustração e angústia. Sentia raiva de mim. Sabia que não poderia deixar os meus alunos passarem por isso, e essa foi a minha virada de chave. Eu tinha a técnica, mas faltavam elementos fundamentais para que eu pudesse ter vivido a experiência de maneira adequada. Quais elementos, então? Lembra-se dos 80% correspondentes ao comportamento, mencionados no início deste capítulo? Pois é.

O inglês que nos ensinam nas escolas tradicionais é formal, cheio de *do* e *does*, com frases formadas e expressões prontas que saem em áudios pausados e sem a velocidade real de uma conversa. Outro ponto que me faltou foi entender que existiam algumas crenças em mim que prejudicavam o meu desempenho. Sabe aquela voz interna que ficava me falando que eu era burra e não conseguiria? Todos nós carregamos isso desde cedo, mas trataremos mais desse assunto nos próximos capítulos. Então, saiba: você não está sozinho.

Eu já tive certeza de que o inglês não era para mim e de que tudo estava perdido, mas encontrei um caminho diferente e aprendi o que era preciso para que eu pudesse destravar isso na vida de <u>todas</u> as pessoas. É isso mesmo, <u>todas</u>. Não apenas algumas, mas todas aquelas que querem verdadeiramente aprender.

Antes de explicar quais serão as etapas pelas quais você passará aqui comigo, quero mostrar como cheguei ao "momento eureca" para que pudesse estender o aprendizado acelerado de inglês a todos.

In the back of your mind (No interior da sua mente)

Voltei dos Estados Unidos disposta a estudar e melhorar o meu inglês para que pudesse, consequentemente, melhorar a fluência dos meus alunos. Trabalhei oralidade e pronúncia, passei por um processo de *accent reduction* (redução de sotaque), fiz muitos cursos para entender a junção de sons e como isso impactava a escuta e a oralidade. Foi assim que acabei me enveredando, completamente ao acaso, por outro universo, o de programação neurolinguística (PNL), neuroeducação, campo andragógico e muitos outros. Queria entender como o cérebro processa as informações, como memorizar com mais eficiência, como um adulto aprende pensando sobre a aprendizagem de andragogia e o que é possível fazer para potencializar esse processo. E entendi quais são as emoções que estão por trás da dificuldade de falar inglês.

Nesse universo, mas sobretudo na PNL, encontrei uma mudança profunda. Fiz o curso sem pretensão nenhuma, e tanto a minha vida pessoal quanto a profissional mudaram depois de tudo o que aprendi. Nisso, o que vale aqui para você, *dearest reader* (querido leitor), é que encontrei nesses aprendizados um caminho único, uma metodologia diferente de todas as que existem para destravar o inglês. Sabe qual foi a grande virada de chave? Com essa metodologia, percebi que não existe absolutamente <u>ninguém</u> que não possa aprender inglês – e outras línguas. Já dei aula para alunos com problemas de audição, transtorno do déficit de atenção com hiperatividade (TDAH) e dislexia, entre outros, e todos eles são fluentes hoje. Todos podem e conseguem. Basta saber <u>como</u>, por <u>qual caminho</u>, o que precisa ser <u>desbloqueado</u>.

Talvez você não saiba, mas existe *in the back of your mind* (no interior da sua mente), lá no seu inconsciente, na formação das suas crenças principais, alguns diálogos paralisadores que podem estar impedindo você de destravar o seu inglês. Gosto de fazer uma analogia com os anéis de crescimento de uma árvore. A idade das árvores é determinada pela análise do tronco delas e da quantidade de anéis que aparecem ali posicionados. Quanto mais externo é um anel, mais velho ele é. Assim é também dentro de nós. É como se existissem, dentro da gente, várias versões de nós em várias idades. E há muita emoção envolvida em cada uma dessas etapas, às vezes positivas, e muitas vezes negativas.

O cérebro, por ser muito inteligente, acaba nos sabotando para evitar gasto desnecessário de energia. Eu chamo esse processo de Lei do Mínimo Esforço (LME). Assim, se o seu diálogo interno diz que você não é capaz, o seu cérebro automaticamente utiliza a LME para evitar esse gasto; afinal, se você se sente burro, por que gastar energia tentando aprender algo que não vai conseguir aprender?

Apesar de o ser humano ter passado por um processo massivo de evolução, a realidade é que o cérebro ainda não assimilou que existe um supermercado a cada esquina e que não precisamos mais caçar para conseguir comida. Ele acha que ainda caçamos, por isso precisa economizar energia. Então, sair da zona de conforto, em especial para os adultos, é tão doloroso e difícil. O cérebro envia sinais constantes que dizem: "Você já passou da idade, deveria ter começado inglês aos 7 anos, agora não dá mais tempo. Desista!". Ou então: "Lembra como você tirava notas ruins na escola? Você não consegue aprender outra língua". Além disso, no inconsciente coletivo existe a afirmação de que fluência é igual a inteligência. É como se essas duas habilidades – ou características – andassem juntas e fossem indissociáveis.

Perceba como é curioso: todas essas questões que mencionei são grandes inverdades. Tive dificuldades na escola, não fui uma boa aluna, aprendi inglês e hoje falo fluentemente quatro idiomas. Não sei nada diferente, não tenho uma super-habilidade; apenas entendi qual é o caminho. E descobri isso a partir de um trauma.

Com o processo de aprendizagem acelerada de inglês e as informações da PNL e de todos os campos de estudo aos quais me dediquei, entendi que traumas de infância influenciam o aprendizado, que é possível que você tenha internalizado que aprender inglês é algo que só cabe a pessoas ricas, ou então que você tenha algum ponto negativo na sua história que esteja impedindo você de destravar. Entre casos graves e brandos, já mentorei centenas de homens e mulheres que conseguiram se livrar desse processo de autossabotagem. Isso acontece porque, a partir do momento que você entende o que o prende, acessa uma chave que abre o cadeado para abrir a sua mente.

Se você está aqui, muito provavelmente já passou perto de desistir do inglês. Já fez cursos por meses ou anos e não conseguiu aprender e destravar essa aprendizagem. Já se cansou, deixou de lado, mas voltou e pensou ser uma questão de honra. Já perdeu oportunidades de receber salários melhores, deixou de ganhar promoções pela falta do inglês ou acabou sendo demitido por isso. Você está em exaustão! Eu sei disso, mas se acalme, porque trabalharei nesse processo ao seu lado. Por isso, exploraremos os seguintes tópicos: PLN, sabotadores, aprendizagem passiva e ativa, relevância, autoestima, vida real, retenção, memorização, coragem, autocuidado e muito mais.

No fim da jornada, tenho certeza de que você falará frases como: "É a primeira vez na vida que sinto que eu posso falar inglês"; "Isso não foi um livro para destravar o inglês, foi um curso para a minha vida"; "Agora sei que o inglês veio como um brinde dessa jornada". E planejar isso não é nada pretencioso, porque tenho certeza de que você se sentirá assim. Ensinar inglês para as pessoas é muito mais o meu propósito de vida do que apenas a minha profissão – ela só está ali, no meio. O meu propósito vai muito além! Por isso, saiba que você está com o livro certo nas suas mãos e prestes a aprender as ferramentas mais poderosas que existem atualmente para que possa destravar, de uma vez por todas, o inglês na sua vida.

A mensagem que eu deixo para você agora é a seguinte: siga o seu processo, no seu tempo. Aprendizagem acelerada não é precisar acelerar, é uma maneira eficiente de aprender e fixar o conteúdo. Ser mais lento não é, necessariamente, pior. Somos seres humanos e eventualmente transbordamos, então o que importa nesse processo é seguir com o que chamo de *a little bit every day* (um pouquinho por dia). Você entenderá como pode incluir pequenos ciclos de aprendizagem na sua rotina para que o seu cérebro trabalhe com muito mais eficiência e capacidade, iniciando o processo de memorização e fixação do conteúdo.

Quero que você passe por todo o processo, vire a última página e pense: *Agora eu entendi como a minha mente funciona. Já sei o que estava travando o meu processo de aprendizagem e estou pronto.* Você não precisa aprender inglês para ascender na sua carreira, para viajar pelo mundo e falar bem, para ter mais prestígio social e profissional. Esses fatores são importantes, é claro, mas não são tudo. Você precisa aprender inglês por você! Faça isso por você. Não precisa provar mais nada para ninguém, não se compare, siga a sua jornada no seu tempo. O seu maior superpoder é ser você, então faça isto: seja você. Como bônus, nesta jornada, você aprenderá inglês.

Vejo você na próxima página.

A LÍNGUA É FLUIDA, E A FLUÊNCIA FLUI COM ELA.

@TIADOINGLES

CHAPTER ONE
AS FALHAS DO ENSINO

Você consegue imaginar a relação entre o teclado QWERTY, o inventor estadunidense Christopher Sholes e os problemas que existem no modelo atual de ensino de inglês? Para explicar essa conexão, quero contar uma história. Antes, pare o que você está fazendo e olhe para algum teclado de aparelho eletrônico: notebook, computador, celular, tablet ou qualquer outro que esteja por perto. Percebe como as vogais, mesmo sendo as letras mais utilizadas, estão em posições menos favoráveis para os nossos dedos? Percebe, também, como as primeiras letras da lateral superior esquerda formam a palavra "QWERTY"? Por isso, esse é o nome dado ao teclado mais utilizado hoje em dia.

O teclado QWERTY, bem como o modelo de distribuição das letras que utilizamos para digitar, foi inventado por Christopher Sholes em 1868 para atender a uma demanda muito importante: ele tinha vendido a primeira máquina de escrever para uma faculdade de telégrafos de Chicago (EUA), projetando esse modelo de maquinário especificamente para operadores de telégrafos que transcreviam o código Morse. Por mais que muitos acreditem que o teclado QWERTY tenha sido projetado para nos fazer digitar mais devagar, a realidade é que ele foi criado e se popularizou apenas por ter vencido a batalha pelo domínio de mercado nos anos 1880.

O design de Sholes, apesar de ter sido o 52º layout de teclado a ser inventado naquele período, foi vendido para uma empresa estadunidense chamada E. Remington and Sons e acabou ganhando popularidade quando a companhia começou a oferecer cursos de datilografia no padrão QWERTY. Decisório, entretanto, foi quando, em 1893, a empresa se fundiu com quatro dos maiores concorrentes que tinha e ganhou ainda mais posição de mercado.

O resultado? A maior parte dos datilógrafos da época foi treinada para digitar nesse modelo, por isso se popularizou um formato de teclado que não é tão vantajoso para a escrita. Uma curiosidade importante é que, desde então, muitos outros modelos já foram criados e poderiam ser muito mais bem aproveitados do que o modelo QWERTY, como o padrão Dvorak, criado pelo psicólogo educacional estadunidense August Dvorak e desenvolvido para priorizar a mão dominante, esquerda ou direita, de quem está digitando. Pensando em termos economicamente mais vantajosos, o padrão Dvorak ficou para trás porque exigia mais custos para as empresas e, consequentemente, foi descartado.[1]

A verdade é que, apesar de você poder pegar o seu celular agora e trocar o padrão do teclado para o Dvorak ou outros, por exemplo, esses modelos jamais tiveram chances de disputa com o estilo QWERTY. Quando o modelo Dvorak surgiu, os teclados QWERTY já eram amplamente difundidos, e as pessoas estavam mais do que acostumadas a digitar nas máquinas de escrever seguindo essa distribuição de letras. É aquela famosa história: por que mexer em time que está vencendo?

Essa foi a lógica utilizada, e é bem provável que você esteja lendo tudo isto enquanto se pergunta: *Mas qual é conexão disso tudo com o modelo de ensino de inglês na atualidade?* E eu respondo: toda! Por que ninguém parou até hoje para avaliar o modelo de teclado que utilizamos e propor uma mudança que melhoraria o desempenho de digitação? Se já existe tecnologia suficiente para mudar e temos capacidade de reaprender, por que não fazer essa alteração? É simples: porque ninguém nunca questionou isso.

---

[1] HARFORD, T. O que levou o teclado QWERTY, mesmo mais lento, a se tornar tão popular no mundo. BBC World Service. **BBC News Brasil**, 27 abr. 2019. Disponível em: https://www.bbc.com/portuguese/geral-48043045. Acesso em: 15 nov. 2023.

VOCÊ PRECISA APRENDER INGLÊS POR VOCÊ! FAÇA ISSO POR VOCÊ.

@TIADOINGLES

Fazendo um paralelo com os métodos de ensino de inglês utilizados na atualidade, a situação é a mesma. As escolas tradicionais, de inglês ou não, falham na educação pelo simples fato de que passaram décadas, ou séculos, utilizando os mesmos métodos sem pensar em se atualizar ou mudar a dinâmica de ensino. E é por isso que você, caro leitor, provavelmente já passou por uma escola – ou mais! – de inglês e nunca saiu do nível intermediário. Estudou por sete, oito, nove anos e ainda sente que o seu inglês não é bom o suficiente. Ou, então, você sabe que existiria uma oportunidade de ganhar melhor na empresa em que trabalha se aprendesse inglês, mas não consegue avançar porque o idioma parece impossível e distante.

Existem também aquelas pessoas que amam viajar, mas só fazem isso na companhia de quem fala inglês, porque não acham que conseguiriam "se virar" em um país estrangeiro. Na minha experiência, isso acontece à mesma medida que muitas mulheres e homens que tiveram dificuldade com o inglês e abandonaram a língua tiveram filhos que fizeram aulas e foram morar fora, então agora têm netos estrangeiros que são como um abismo na comunicação, porque os adultos nunca aprenderam a falar inglês e as crianças não falam português.

A consequência, para esses e tantos outros casos, é que provavelmente você se sente incompetente, uma farsa, como eu também um dia me senti. E tudo isso porque parte do problema de não conseguir aprender inglês é estrutural, está na base. E isso precisa ser discutido e mudado.

O INGLÊS E O TUPINIQUIM

Em 29 de novembro de 1807, oito naus, três fragatas, três brigues e duas escunas, acompanhadas de quatro navios britânicos de segurança, saíram de Portugal levando a Família Real em direção ao Brasil, tendo aportado em Salvador (Bahia) em 22 de janeiro de

1808.[2] Um ano e meio depois, em 22 de junho de 1809, a vida da população brasileira mudou para sempre com o decreto assinado por D. João VI, que determinava que o sistema educacional brasileiro deveria incluir o ensino de francês e inglês na grade disciplinar.

Foi assim que a história da língua inglesa ganhou vida por aqui. O padre irlandês Jean Joyce, designado pela Coroa, foi o primeiro professor de inglês da nação. Considerando as relações comerciais entre Brasil e Inglaterra, que estavam cada vez mais estreitas, o inglês foi ganhando adeptos. Uma das primeiras aparições de anúncio em jornal aconteceu em 23 de agosto de 1809 na *Gazeta do Rio de Janeiro*:

```
Quem quizer aprender a lingua ingleza
grammaticalmente com perfeição em pouco
tempo, ha de fallar com Francisco Ignacio
da Silva na casa de café na rua direita,
o qual há de entregar hum bilhete com o
nome do mestre, natural de Londres.[3]
```

Esse foi um marco histórico e conta muito de como o inglês acabou ganhando popularidade no Brasil. Desde então, instituiu-se que o inglês deveria ser gramaticalmente perfeito e correto para que pudesse funcionar, porém nunca questionamos se esse era de fato o melhor caminho. E, não, nem sempre é.

Pense em uma viagem entre Recife (PE) e Fortaleza (CE). Existe apenas um caminho que pode ser percorrido? Não. Se você for de carro, existem muitas possibilidades de estradas que podem ser escolhidas.

---

[2] BEZERRA, J. A Vinda da Família Real para o Brasil. **Toda Matéria**, c2024. Disponível em: https://www.todamateria.com.br/a-vinda-da-familia-real-para-o-brasil. Acesso em: 16 nov. 2023.

[3] LIMA, D. de. Como começou o ensino de inglês no Brasil? **Inglês na Ponta da Língua**, 2017. Disponível em: https://www.inglesnapontadalingua.com.br/2017/03/como-comecou-o-ensino-de-ingles-no-brasil.html. Acesso em: 29 nov. 2023.

APRENDER É UMA ATIVIDADE ATIVA QUE PRECISA SER ESTIMULADA E DESENVOLVIDA.

@TIADOINGLES

Algumas são mais rápidas, outras são mais lentas; há percursos mais longos e mais curtos. Você também pode ir de avião ou de ônibus – e arrisco até a dizer que pode ir de navio, dependendo do contexto. A abreviação do caminho é possível, basta querer e planejar. Por que, então, continuar achando que o inglês gramaticalmente correto e perfeito é a única possibilidade para que ele esteja presente na sua vida? Não faz sentido. A impressão que fica, no fim das contas, é que o único caminho possível é o mais longo e mais difícil.

Assim, fazendo um paralelo com o aprendizado de inglês no Brasil, ninguém nunca levantou essa bandeira e falou: por que estamos ensinando dessa maneira? Por que estamos mantendo os alunos por tantos anos aprendendo inglês? Será que não existe um jeito mais fácil? Será que não podemos combinar técnica e pronúncia? Será que a gramática é mesmo a protagonista? Será que a conversação não é tão importante quanto a gramática?

O Brasil está em 70º lugar na pesquisa chamada English Proficiency Index (EPI – Índice de Proficiência em Inglês), e essa informação confirma que o ensino de inglês no país é falho em muitos momentos. Fato é que existe uma agenda comercial muito forte em relação às escolas tradicionais de inglês, e essa situação não é novidade. Seja pelo interesse em vender material didático, seja pelo interesse em manter o aluno pelo maior tempo possível fazendo aulas, a realidade é que essa lógica deveria ser inversa: não quero que os meus alunos fiquem sete anos tentando aprender inglês e se frustrando. Quero que eles fiquem comigo pelo mínimo tempo possível e aprendam tudo o que é necessário para que possam mudar a própria vida. Quero transformar em positiva a relação de indivíduos com o inglês no maior número possível de rotinas. Essa é a minha mentalidade e deveria ser também a dos negócios.

Assim, por causa desse não questionamento, continuamos repetindo os mesmos erros pelo simples fato de que algum dia aquilo foi útil. Voltamos ao "estado QWERTY" da vida, ou seja, aquele que não questiona, não muda, não faz diferente e segue entregando os mesmos resultados. É por isso que você está aqui. E existe um entroncamento dessas situações: não são só as escolas de inglês que têm essa agenda de vender materiais, já que as escolas tradicionais também não ensinam os alunos a estudar.

O QUE PODEMOS APRENDER COM A FINLÂNDIA

A Finlândia, que está entre os dez países mais inovadores do mundo,[4] apostou em uma educação completamente diferente da que estamos habituados e tem tido resultados maravilhosos para todos os que passam por esse sistema educacional. Não à toa, é considerada "a dona" de um dos sistemas educacionais mais elogiados do mundo, cuja construção passa por alguns princípios.

Em primeiro lugar, o país utiliza uma metodologia chamada *problem-based learning* (aprendizagem baseada em problemas) ou *project-based learning* (projeto de aprendizagem), que caracteriza um ensino pautado na resolução de problemas ou na criação de projetos. Nesse modelo, problemas reais ou fictícios são levantados em sala de aula para que os alunos possam discutir e aprender na prática o que funciona. Essa lógica vai desde o Ensino Fundamental até o Ensino Superior, em que cursos de faculdade utilizam projetos reais para ensinar e mostrar o dia a dia das profissões.

---

[4] WIPO MEDIA CENTER. Índice Global de Inovação 2022: Suíça, Estados Unidos e Suécia lideram a classificação mundial de inovação; China se aproxima dos 10 primeiros colocados; Índia e Türkiye aceleram o passo; Inovações de impacto são necessárias em tempos turbulentos. Genebra, 29 set. 2022. Disponível em: https://www.wipo.int/pressroom/pt/articles/2022/article_0011.html. Acesso em: 30 nov. 2023.

Enquanto aqui no Brasil temos um ensino no qual o professor prepara a aula, passa exercícios e provas, corrige-os e segue essa dinâmica o ano todo, na Finlândia é o aluno que busca e apresenta o conteúdo a ser discutido em sala de aula, promovendo o aprofundamento e o desenvolvimento de temas relevantes. A curiosidade desempenha um papel fundamental no processo de aprendizagem, além de auxiliar na retenção dos conteúdos na memória de longo prazo.

Em termos de tecnologia e provas, a Finlândia privilegia a primeira em detrimento da segunda. O país repensou completamente o papel das avaliações, dando mais espaço para analisar trabalhos em grupo e atividades diferenciadas, enquanto a tecnologia auxilia o trabalho do professor e o papel do aluno no processo de aprendizagem. Por fim, em relação ao cronograma de aulas praticado, são usados 45 minutos de aprendizado com 15 minutos de descanso.[5]

Por que tudo isso é importante? Porque as discrepâncias de ensino mostram que é preciso mudar alguns conceitos em relação ao aprendizado. O cenário mais comum é: o aluno faz aula de inglês duas vezes por semana, por exemplo, segunda e quarta-feira. Ele aprende, dá uma pausa, aprende de novo e fica com uma janela muito grande de tempo sem (re)visitar o conteúdo. *Home assignments* (tarefas de casa) provavelmente serão feitas dez minutos antes de começar a aula. Isso porque o aluno não sabe ou não entende que esse é um comportamento muito prejudicial para o processo de aprendizagem. A Neurociência já comprovou que o método ideal de revisão para aprender mais e se esquecer menos do conteúdo deve ser feito em, no mínimo, três etapas: na primeira hora após o aprendizado; entre 24 e 72 horas depois, sendo 72 horas a melhor das janelas; e após 30 dias. Essa janela de revisões teve indicadores

---

[5] IDOETA, P. A. Oito coisas que aprendi com a educação na Finlândia. **BBC Brasil**, São Paulo, 12 ago. 2015. Disponível em: https://www.bbc.com/portuguese/noticias/2015/08/150807_finlandia_professores_brasileiros_pai. Acesso em: 14 nov. 2023.

de até 70% a mais de retenção.[6] No momento que esse aluno deveria rever o conteúdo, com calma e dedicação e com um espaço de tempo considerável, ele deixa de fazer isso e acaba perdendo tudo o que aprendeu. E continua recaindo no mesmo erro.

Pense em quanto conteúdo você aprendeu na escola e do qual não se lembra mais. Fórmula de Bhaskara, reinos, teorema de Pitágoras, ciclo de Krebs, leis de Newton, tabela periódica, ciclos da água, Renascimento, e por aí vai. O esquecimento acontece quando não são respeitados os princípios de aprendizado, que são descanso, pausa, esquecimento e revisão espaçada.

Nesse sentido, a Neurociência também já explicou, com base no efeito *primacy* (primazia) e *recency* (recência), o contexto no qual o cérebro tende a guardar mais as primeiras e as últimas informações que recebemos. Isso acontece, entre outros fatores, pela capacidade limitada que temos de transferir informações da memória de curto prazo para a de longo prazo, isto é, recebemos o conteúdo e guardamos apenas o início e o fim dele.[7]

Assim, quando você segue um fluxo de estudos de duas horas ou mais, muito provavelmente o seu cérebro se lembrará apenas do início e do fim do conteúdo. Se você está atento ao que estou expondo sobre o ensino tradicional, já deve ter relembrado como

---

[6] DONKER, S. C. M. *et al*. Retrieval practice and spaced learning: preventing loss of knowledge in Dutch medical sciences students in an ecologically valid setting. **BMC Medical Education**, 26 jan. 2022. Disponível em: https://bmcmededuc.biomedcentral.com/articles/10.1186/s12909-021-03075-y. Acesso em: 14 abr. 2024. Ver também: ZIJLSTRA, D. Is there an optimal spacing formula for spaced repetition? Debunking common myths. **Traverse**, 25 mar. 2023. Disponível em: https://traverse.link/spaced-repetition/the-optimal-spaced-repetition-schedule#-0d066c4d89c242cc997a22eb1efdc8f8. Acesso em: 14 abr. 2024.

[7] QUAIS SÃO os conteúdos que os ouvintes mais lembram? O efeito primacy e o efeito recency. **Mediática**, 31 jan. 2023. Disponível em: https://mediatica.com.br/quais-sao-os-conteudos-que-os-ouvintes-mais-lembram-o-efeito-primacy-e-o-efeito-recency. Acesso em: 17 nov. 2023.

são programadas as aulas ao longo dos muitos anos que passou na escola. Por outro lado, seguir em um ciclo de estudos menor, de 20 ou 45 minutos, por exemplo, dará ao seu cérebro a força e o foco para que ele se lembre do bloco inteiro, ou de boa parte dele. É como se o cérebro tivesse um *boom* de aprendizagem tendo como suporte ciclos menores de estudo. Para o cérebro, menos é mais.

Estou certa de que você se lembra de ter "decorado" uma quantidade absurda de conteúdo para uma prova apenas para esquecer tudo horas depois de terminar o teste. O *cramming* (massificação de conteúdo) nunca funcionou para uma longa retenção. Embora a massificação do estudo seja o método mais comum, o hipocampo cerebral sofre uma limpeza automática durante a noite e nos faz esquecer boa parte do que aprendemos porque acha que tudo aquilo não é importante. Sem utilizar a janela ideal de estudos e entender que o efeito *primacy* e *recency* é fundamental para o aprendizado, há grandes chances de você esquecer e perder o que aprendeu.

E é possível ir além: quando se aprende eficácia nos estudos, é fundamental entender os estilos de aprendizagem e como isso ajuda ou atrapalha a mente para que o inglês deixe de ser um problema e passe a ser uma solução.

VER, OUVIR E SENTIR

Você sabe se é um aluno visual, auditivo ou cinestésico? Depois de me formar, lá por 2001, acabei descobrindo que sou uma aluna auditiva. Até então, eu achava que tinha algum problema. Isso aconteceu porque, até a 8ª série, estudei em uma escola com professoras muito rígidas, o silêncio imperava e a rigidez fazia parte das aulas. Para um aluno auditivo, como eu, essa dinâmica de aprendizado não só não funciona como também atrapalha. Eu não sabia, mas, para que pudesse aprender com mais eficiência, era preciso ter ritmo, conversação e diálogo. O resultado foi que acabei repetindo de ano três vezes e passei a carregar uma crença interna muito forte de que não pertencia ao grupo de pessoas que nasceram inteligentes.

Naquele tempo, muito se falava de quociente intelectual (QI), determinado por um número. Acreditava-se que ele era imutável, que as pessoas nasciam com um bom QI ou um péssimo QI, porém, graças à Neurociência, foi descoberta a neuroplasticidade, que é a capacidade do cérebro de se adaptar e mudar ao longo do tempo, ajustando as conexões neurais em resposta a experiências, aprendizado e até lesões. Em termos simples, é a possibilidade do cérebro de se remodelar e se reorganizar.[8] Há provas de que podemos aprender a inteligência – e, melhor ainda, durante a vida toda. Eu mesma, por causa da crença comum, achava que a escola não funcionava para mim, que eu não era capaz de aprender com consistência e efetividade. Sentia-me frustrada, incapaz e desqualificada.

Nesse sentido, a estadunidense Jo Boaler, professora de matemática na Universidade Stanford (EUA), cofundadora do programa de aprendizado YouCubed e autora best-seller do livro *Mente sem barreiras*,[9] explica justamente essas crenças que carregamos.

> *Quase todos os dias encontro pessoas de todas as idades, gêneros, profissões e estilos de vida que acreditam em ideias prejudiciais sobre si mesmas e sua aprendizagem. É comum as pessoas me dizerem que costumavam gostar de matemática, artes, línguas ou outra área do conhecimento, mas quando começaram a se deparar com dificuldades, decidiram que não tinham o cérebro certo, que não levavam jeito para*

---

[8] ESTANISLAU, J. Cérebro tem capacidade de se reconfigurar e ser treinado para melhores resultados. **Jornal da USP**, 19 maio 2023.

[9] BOALER, J. **Mente sem barreiras**. Porto Alegre: Penso, 2020.

aquilo e desistiram. Quando as pessoas desistem de matemática, também desistem de todas as áreas de estudo ligadas à matemática, como ciências, medicina e tecnologia. Da mesma forma, quando as pessoas pensam que não podem ser escritoras, desistem de todas as disciplinas de ciências humanas, e quando decidem que não são artistas, desistem da pintura, da escultura e de outros domínios das artes plásticas.

Todos os anos, milhões de crianças entram na escola entusiasmadas com o que vão aprender, mas rapidamente se desiludem quando percebem que não são tão "inteligentes" quanto as outras. Os adultos resolvem não seguir os caminhos que esperavam porque decidem que não são bons o suficiente para isso, ou não são tão "espertos" quanto as outras pessoas. Milhares de funcionários participam de reuniões no ambiente de trabalho, ansiosos com a possibilidade de serem descobertos e expostos por "não saberem o suficiente". Essas ideias limitantes e prejudiciais vêm do nosso interior, mas são, em geral, desencadeadas por mensagens incorretas enviadas por outras pessoas e por instituições de ensino.[10]

Boaler trata do papel das escolas na formação das crenças e de como algumas das coisas em que acreditamos – como a minha sensação de que era burra – estão relacionadas ao inconsciente, reforçando sempre a capacidade de mudar essa situação e adaptar o cérebro para que possamos aprender mais e melhor.

O escritor, palestrante e consultor internacional Ken Robinson também discorre sobre o tema ao mostrar como a criatividade é tolhida no sistema de ensino, o que contribui diretamente para que estejamos o tempo todo criando crenças sobre nós mesmos que não são favoráveis para o nosso desenvolvimento. Segundo ele,

---

[10] BOALER, J. op cit.

SOMOS SERES MULTIFATORIAIS, PODEMOS APRENDER ASSUNTOS VARIADOS DE MODO EFETIVO, INDEPENDENTEMENTE DE QUAL SEJA A ÁREA EM QUE TEMOS MAIS FACILIDADE.

@TIADOINGLES

a inteligência é interativa, isto é, o cérebro não se divide em compartimentos, fazendo o aprendizado – e a criatividade – muitas vezes acontecer a partir da interação com diferentes disciplinas.[11] Isso mostra que somos seres multifatoriais, podemos aprender assuntos variados de modo efetivo, independentemente de qual seja a área em que temos mais facilidade.

Considerando tudo isso, entender o seu estilo de aprendizagem é fundamental, já que facilitará todo o processo para que o inglês deixe de ser uma pedra no seu sapato. Quer saber como funciona cada um dos estilos? Vamos lá!

Alunos visuais têm facilidade para memorizar dados e nomes pela visão. Com isso, beneficiam-se de mapas mentais, gráficos, slides, ilustrações, diagramas e todo tipo de material visual. Essas pessoas amam cores, precisam de material impresso, como cadernos, agendas, livros, blocos e post-its. Apreciam o movimento, aprendem ao assistir a vídeos e geralmente falam alto e rápido, o que acontece porque o processamento da linguagem acontece na mesma velocidade da fala – ao acompanhar aulas gravadas, podem acelerar os vídeos até duas vezes. Tendem a ter mais ansiedade, falando em voz alta para se lembrar da pronúncia e fazendo uso da escrita como apoio fundamental para a memorização.

Já os alunos auditivos, como eu, são aqueles que aprendem com conversas e diálogos. Lembra-se de quando mencionei que o ritmo era fundamental para mim? Essa é a lógica aqui. Por isso, é muito comum alunos auditivos batucarem na mesa, ficarem acionando o botão da caneta ou fazendo outros movimentos repetitivos para gerar ritmo. Podem – e devem – ouvir músicas clássicas ou sem letra na hora de

---

[11] ROBINSON, K. Será que as escolas matam a criatividade? Palestra proferida no TED Talks, Monterey (Califórnia), fev. 2006. Disponível em: https://www.ted.com/talks/sir_ken_robinson_do_schools_kill_creativity?language=pt-br. Acesso em: 28 nov. 2023.

estudar, pois isso ajuda muito na concentração. Exercícios de *listening* (escuta), audiolivros e podcasts são fundamentais, podendo ser acelerados 1,5 vez para aprender. Costumam falar um pouco mais devagar do que os visuais e processam a própria linguagem nesse ritmo. O ponto de atenção é que se distraem com facilidade com sons externos, então é preciso ter cuidado.

Por fim, <u>cinestésicos</u> são aqueles que precisam sentir, isto é, viver experiências práticas para que possam aprender. Colocar a mão na massa, viver o processo real, ir para um laboratório, fazer uma imersão, ver um filme ou uma série. Precisam estar em movimento. Beneficiam-se dos sentidos: olfato, tato e paladar. Falam mais lentamente, em tom baixo, e processam a linguagem dessa mesma maneira – e isso não é ruim, é apenas uma das maneiras de aprender. Para esse perfil, o professor precisa fazer pausas e falar com ritmo. São pessoas que também se distraem com facilidade quando se trata do próprio corpo, ou seja, estudar estando com um sapato apertado ou uma roupa desconfortável não é uma opção viável, já que o conforto impera! Como ponto de atenção, é preciso ter cuidado com o diálogo interno e a cobrança muito alta, pois esse público acaba se criticando muito.

Esses são os perfis de aprendizagem. Arrisco dizer que, infelizmente, poucos professores conhecem essas diferenças. Poucos têm preparação de oratória e conseguem englobar todos os ritmos necessários para ensinar pessoas nos diferentes perfis. Então, em uma rota mais tradicional de ensino, acaba existindo uma priorização muito grande dos alunos visuais. Também não somos estimulados a dar pausas nem a revisar o conteúdo no momento adequado para que possamos reter o que foi aprendido.

É claro que não posso deixar de relembrar que saber o seu tipo de aprendizado não exime você de utilizar as outras estratégias. É preciso usar os três canais – auditivo, visual e cinestésico – para que o aproveitamento seja ainda maior. Saber o seu perfil e buscar apenas um caminho deixará o seu cérebro mais preguiçoso e, como ama economizar energia, ele não se esforçará mais para aprender pelos outros canais. Por isso, é tão importante desenvolver todas as habilidades.

Assim, considerando blocos menores de estudo, *primacy* e *recency*, revisão em janela de até 72 horas e estilos de aprendizagem diferentes, o *gap* (a lacuna) das escolas tradicionais tem prejudicado o seu aprendizado há muitos anos. É preciso estudar diariamente, mesmo que em ciclos menores. Inclusive, nas minhas aulas, sempre faço um momento de pausa e falo para os meus alunos: "Agora respirem, expliquem para o cérebro de vocês que tem mais coisa para aprender. Abram espaço, estiquem as mãos e 'vambora'". Parece bobo, mas esse tipo de atitude ajuda o cérebro a entender que um bloco acabou e logo outro vai começar. Ajuda a liberar espaço e a definir que não é tudo continuação; assim, o que está no meio não será esquecido!

A conclusão é que não existe educação passiva, caro leitor. Ou então aprenderíamos dormindo. Aprender é uma atividade ativa que precisa ser estimulada e desenvolvida. Então, posso afirmar que, salvos alguns casos, você não nasceu com um problema de aprendizado, apenas não sabe ainda como aprender adequadamente. E isso influenciou a maneira como tentou absorver o inglês até agora. A mudança, porém, começou a partir do momento que você decidiu seguir esta jornada comigo. E garanto que muitas outras fichas ainda vão cair durante esse processo!

⊙ EXERCÍCIO: *KNOW YOURSELF BETTER* (SAIBA MAIS SOBRE SI)

Saber qual é o seu canal é fundamental para que você possa estudar com mais eficácia. Assim, faça o teste a seguir e lembre que precisa desenvolver todos os canais para que tenha mais resultados ao aprender inglês.

1) Eu gostaria mais de estar fazendo este exercício:
   a. por escrito.
   b. oralmente.
   c. enquanto realizo outras tarefas.

2) Eu gosto mais de ganhar presentes que sejam:
   a. bonitos, venham com laços ou em caixas sofisticadas.
   b. sonoros, que tenham música, que façam barulho.
   c. úteis, que eu possa usar no dia a dia.

3) O que eu tenho mais facilidade de lembrar nas pessoas?
   a. Fisionomia e maneira de se vestir.
   b. Voz.
   c. Gestos e maneira de caminhar.

4) Eu aprendo mais facilmente:
   a. lendo, vendo mapas mentais e fazendo anotações.
   b. ouvindo e conversando sobre o tema.
   c. fazendo.

5) As atividades que mais combinam comigo são:
   a. fotografia e pintura.
   b. músicas e palestras.
   c. escultura e dança.

6) Meu aplicativo preferido é:
   a. Instagram.

b. Spotify.
  c. TikTok ou YouTube.

7) Ao lembrar um filme, me vêm à mente:
  a. as cenas.
  b. os diálogos.
  c. as sensações.

8) Nas férias, eu gosto mais de:
  a. conhecer novos lugares, tirar fotos.
  b. descansar, estar em contato com a natureza e buscar a paz.
  c. participar de atividades e desafios.

9) O que eu mais valorizo nas pessoas é:
  a. a aparência.
  b. o que elas dizem.
  c. o que elas fazem.

10) Percebo que alguém gosta de mim:
  a. pelo jeito de me olhar.
  b. pelo jeito de falar comigo.
  c. pelas atitudes.

11) Compro roupas pensando:
  a. em estilo e cores e como meu look vai ficar no geral.
  b. no que as pessoas vão dizer quando me virem.
  c. no conforto em primeiro lugar.

12) Eu detesto lugares que sejam:
  a. desorganizados, sem manutenção e feios.
  b. barulhentos ou com muita gente falando.
  c. apertados, muito quentes ou muito frios.

13) Eu me desconcentro se tiver:
  a. muita bagunça ou movimento.
  b. gente conversando perto de mim ou tocando músicas.
  c. muito calor, sapato me apertando, roupa muito justa.

14) Tomo decisões com base principalmente:
   a. no que vejo.
   b. no que ouço.
   c. no que sinto.

15) O que mais me agrada em um restaurante é:
   a. o ambiente.
   b. a conversa.
   c. a comida.

Para descobrir o seu resultado, anote a quantidade de respostas a seguir para cada uma das letras.

Respostas A: _____

Respostas B: _____

Respostas C: _____

Resultado
- Maioria de respostas A: **visual**.
- Maioria de respostas B: **auditivo**.
- Maioria de respostas C: **cinestésico**.

> 📖 **PARA CONHECER E SABER MAIS**
>
> Sempre fui apaixonada por estudar aprendizagem. Caso você também sinta essa chama acesa no seu coração, confira algumas dicas de conteúdo extra.
>
> • *Somos todos criativos: os desafios para desenvolver uma das principais habilidades do futuro* – Sir Ken Robinson.
>
> • *Mindset: a nova psicologia do sucesso* – Carol S. Dweck.
>
> • *Mente sem barreiras: as chaves para destravar seu potencial ilimitado de aprendizagem* – Jo Boaler.

CHAPTER TWO
NA PRÁTICA, NÃO FUNCIONA

Em 2023, atendi a uma aluna que sempre teve um bloqueio muito grande com o inglês. Enquanto praticava comigo, ela dizia que se sentia "ridícula e inadequada falando inglês". Talvez você não saiba, mas as expressões que utilizamos para descrever como nos sentimos dizem muito sobre como nos enxergamos ao realizar determinadas tarefas. No caso dessa mentorada, o bloqueio era muito poderoso e ela não conseguia enxergar a si mesma falando outra língua.

Certa vez, Bruna Marquezine comentou em uma entrevista que sentia insegurança de falar inglês porque achava que as pessoas nunca saberiam como ela é engraçada em português.[12] Já minha aluna reportava que não parecia ser ela mesma quando estava falando inglês. Ela não sentia que tinha total domínio do idioma e achava que parecia paralisada enquanto praticava, então não conseguia ver evolução no processo, o que não era real, porque ela tinha uma curva de aprendizado muito boa e estava se desenvolvendo cada vez mais e melhor.

Nesses casos, quando percebo que existe uma dificuldade profunda de falar inglês, questiono qual é a origem dessa dificuldade, isto é, o que pode estar por trás desse trauma e dessa sensação de inadequação. E com essa aluna *it wasn't different* (não foi diferente). Os nossos encontros seguiram o caminho natural, e eu percebia

---

[12] BRUNA Marquezine diz que barreira do idioma a faz se sentir 'limitada'. f5. **Folha S.Paulo**, 16 ago. 2023. Disponível em: https://f5.folha.uol.com.br/celebridades/2023/08/bruna-marquezine-diz-que-barreira-do-idioma-a-faz-se-sentir-limitada.shtml. Acesso em: 1 dez. 2023.

que ela fazia sempre as mesmas queixas. Então, em uma investigação mais profunda, acabamos chegando ao assunto *self-image* (autoimagem), e ela me contou um pouco da história de vida dela. A balança sempre a atormentou, e ela havia perdido muitos quilos nos últimos anos, contudo não tive certeza de que esse tema seguiria para algo relacionado ao inglês. Ainda assim, investigar com profundidade era o melhor caminho, e foi isso que eu fiz, fundamentada em um exercício gestáltico, emprestado da psicologia. Fizemos uma pesquisa transderivacional, como chamamos na PNL, para descobrir a gênese desse bloqueio.

Para quem não sabe, "gestalt" é uma palavra de origem alemã que se refere à forma de algo. Desenvolvida pelo psicoterapeuta e psiquiatra alemão Fritz Perls (1893-1970), a terapia gestalt começou a ser implementada em consultórios a partir da década de 1940, como uma alternativa à psicanálise tradicional. Fritz e a esposa, a também psicóloga e psicoterapeuta alemã Laura Perls, ao lado do escritor e psicoterapeuta estadunidense Paul Goodman, buscavam algo que focasse o humano que existe em cada um de nós para que pudéssemos aumentar a nossa conscientização e desafiar os nossos bloqueios.[13]

Em outra análise, a teoria gestalt explica que as memórias são armazenadas em arquivos divididos por emoções. Por exemplo: é como se tivéssemos uma caixinha da alegria na qual guardássemos todas as memórias relacionadas a essa sensação. Teríamos também outras caixinhas, como para o amor, a vergonha, o medo, o desespero etc. Assim, com esse método, podemos entender que todas as memórias que temos são guardadas dentro dessas caixinhas, sejam boas, sejam ruins, sejam traumas, sejam realizações. E guardamos essas memórias porque, como o cérebro tende a fugir da dor

---

[13] PIMENTA, T. Gestalt: conceito, princípios e exercícios usados na terapia. **Vittude**, 29 jul. 2019. Disponível em: https://www.vittude.com/blog/gestalt. Acesso em: 1 dez. 2023

ou buscar o prazer *all the time* (o tempo todo), todo o conteúdo emocional fica armazenado para que futuramente possamos utilizar esses dados como fonte de aprendizado. É assim que tomamos decisões em grande parte do tempo. O cérebro é mestre em criar regras – nem sempre as melhores –, e as emoções são o grande guia dele para essas regras.

A partir da pesquisa transderivacional, ao abrirmos determinada caixinha,[14] conseguimos acessar todas as memórias com comandos específicos, e assim chegamos à memória gênese daquilo que estamos buscando. Ou seja, o exercício gestáltico, cujo objetivo era encontrar a primeira memória relacionada ao problema de autoimagem que a minha aluna tinha, foi primordial para checarmos a relação entre o que ela via de si mesma e as dificuldades que sentia ao se considerar inadequada ou ridícula.

Fizemos o exercício e encontramos uma memória bem distante, de quando ela tinha 4 ou 5 anos, porém, pela minha experiência, não achei que aquela era a memória de gênese do trauma. Estava faltando uma peça para que o quebra-cabeça ficasse completo. Para não a deixar em um processo de dor por muito tempo, fechei o exercício e fiz uma ressignificação do que encontramos.

Não à toa em relação à minha intuição, quando já estávamos nos despedindo, ela comentou que tinha se lembrado de algo – e nessas sessões nada é descartável. Ao perguntar o quê, ela contou que foi criada pela avó. Quando ela era bebê, a mãe falava que ela era muito feia, muito magrinha e frágil demais. Contou que a mãe a escondia com um lençol porque tinha vergonha de que as pessoas vissem como ela era feia, magra e careca. Nesse momento, a minha aluna começou a chorar. E ali estava a memória de gênese.

---

[14] PESQUISA transderivacional. **Golfinho**, set. 2019. Disponível em: https://golfinho.com.br/termo-do-mes/pesquisa-transderivacional.htm. Acesso em: 1 dez. 2023.

O CÉREBRO É MESTRE EM CRIAR REGRAS — NEM SEMPRE AS MELHORES —, E AS EMOÇÕES SÃO O GRANDE GUIA DELE PARA ESSAS REGRAS.

@TIADOINGLES

Descobrimos toda a conexão entre o problema que ela tinha com a autoimagem e a sensação de inadequação.

Para essa aluna, lembrar-se disso foi um momento de clareza, pois a sensação que tinha se relacionava à barreira que construiu dentro de si por se achar feia e ridícula. *Mas o que tudo isso tem a ver com o inglês, Marcela?* Parece que não tem nada a ver, mas todo ciclo se fecha quando lembramos que o cérebro ama criar regras, e a regra criada foi "você é inadequada, você não pode se expor". Esse tipo de pensamento sobre si coloca a pessoa em uma posição de inferioridade e faz com que ela nunca se sinta boa o suficiente. Falar inglês remetia a momentos em que ela se sentia envergonhada, inadequada e ridícula pelo simples fato de que falar inglês é <u>se expor</u>. Emocionalmente, a pessoa está desprotegida.

Voltando à entrevista da Bruna Marquezine, a atriz explicou: "Eu me sinto limitada quando falo inglês. Estou sendo eu mesma, mas uma versão menos interessante, porque às vezes eu sinto que não consigo me expressar como me expresso em português. Em português eu sou mais legal, mais rápida e mais engraçada. Em inglês, às vezes, demoro um pouco para me comunicar". Isso tudo considerando que ela gravou um filme em inglês, fala com aptidão e é muito ágil na fala, ou seja, infelizmente ninguém está de todo isento de se sentir assim, mesmo que a pessoa seja proficiente em três línguas, como aquela aluna que estamos analisando.

Mesmo morando na Suíça, ela sentia pânico ao falar inglês. O caso era mais interessante, entretanto, porque ela falava muito bem alemão e espanhol, mas inglês era um *issue* (problema). Boca seca, tremor nas mãos, desconforto intestinal eram apenas alguns dos sintomas que ela experimentava, por isso fizemos a pesquisa transderivacional para tentar descobrir por que o inglês era tão difícil para ela. No fim das contas, acabamos descobrindo um abuso que ela sofreu aos 2 anos e que se encaixava nas dificuldades que ela vivenciava com o idioma.

Nesses casos, o cérebro não tem recursos psicológicos para lidar com o que aconteceu, então é como se o corpo criasse uma cápsula para guardar aquela memória e proteger o indivíduo. Essa memória vai para uma das caixinhas da teoria gestalt, e, assim, o inconsciente continua o tempo inteiro protegendo a pessoa daquele trauma. Fizemos o exercício para mudar essa percepção, e o inglês dela foi destravado. Algumas semanas depois, ela palestrou em diversos congressos e simpósios de Medicina, que é a área em que atua, e o universo, por meio de pequenas provações diversas, mostrou para ela que o trauma já não existia mais.

Em outro momento, trabalhei com um aluno que tinha um trauma da infância, de quando estava aprendendo a escrever letras cursivas. A professora da época, muito inabilidosamente, percebeu que ele e dois coleguinhas não estavam conseguindo "desenhar" as letras e por isso *stood them out* (os isolou), colocando-os no canto da sala como castigo pela dificuldade inicial. As outras crianças apontaram o dedo, a professora os ridicularizou, e por aí vai. O resultado? Um trauma de aprendizagem, uma dificuldade de se expor, com o medo constante de voltar a passar por isso.

Enfim, as histórias são inúmeras e os traumas são incontáveis e bastante diversos, mas o fato é que precisamos entender as suas sensações, os seus sentimentos, o que está impedindo você hoje de dar o próximo passo e conseguir falar inglês com menos medo e mais confiança. Não faz sentido ficar preso ao passado, mas é assim que o subconsciente trabalha em busca da proteção emocional. Para isso, é preciso fazer uma análise de quais frases você está dizendo para si, como nestes exemplos:

— Já comecei diversos cursos de inglês, estudei por vários anos, em diferentes escolas, mas não consigo aprender.

— Não consigo fixar o conteúdo além do verbo *to be*.

— O idioma não entra na minha cabeça, então é sempre um sofrimento.

— Sinto que o inglês não é para mim, que não tenho talento para a língua.

— Por já ter passado dos 40 anos, acredito que não tenho mais chances de aprender. Sinto-me perdido e estagnado na vida.

— No trabalho, os colegas que mais crescem são aqueles que têm fluência no inglês. Todas as vagas de emprego que encontro pedem ao menos o nível básico do idioma; quando é assim, nem me candidato. Se eu quiser avançar na carreira, preciso dar um jeito de aprender inglês.

— Tenho vontade de viajar, conhecer países sem depender de outras pessoas para me comunicar. Mas tenho uma vida corrida, não tenho tempo e não sei mais o que fazer para sair dessa situação.

Você se identifica com algo? Acha que alguma dessas sentenças está no seu diálogo interno? Essas vozes fazem parte da vida da maioria das pessoas, então aprender a controlar esse diálogo é fundamental para conseguir destravar o inglês. Como? O primeiro passo é entender isso e qual é a lógica de funcionamento do processo.

DEZ VILÕES QUE NOS PROTEGEM E NOS ATRAPALHAM

O presidente do Coaches Training Institute (CTI) e autor best-seller Shirzad Chamine passou por uma experiência muito curiosa que o levou a uma descoberta importante para o mundo do desenvolvimento pessoal. Em 1987, no segundo ano dele no programa de Master of Business Administration (MBA) em Stanford, Chamine estava em uma dinâmica interpessoal em que os alunos eram convidados a dar e receber feedbacks dos colegas em sala de aula. Para a total surpresa dele, recebeu inúmeros feedbacks que diziam que ele parecia estar <u>julgando todos</u> o tempo inteiro. Em um primeiro momento, achou que poderia ser exagero, mas essa devolutiva veio de tantas pessoas que ele não pôde ignorar. E, assim, começou a analisar a própria vida.

Chamine teve uma infância difícil em um lar no qual o pai era violento e a mãe vivia com medo. Isso o fez perceber que existia nele um estado constante de crítica e julgamento que ele utilizava para se proteger das pessoas. Ele era um crítico insistente e natural.[15] Criticava a si mesmo e às pessoas ao redor. Percebeu também que era como se existisse uma voz que estava o tempo inteiro julgando e apontando dedos. A essa voz ele deu o nome de "sabotador", personagem que ele definiu em dez perfis mais comuns nos seres humanos, sendo eles: vítima, perfeccionista, servil, inquieto, hipervigilante, hiper-realizador, hiper-racional, controlador, procrastinador e crítico.

Para que você entenda melhor a lógica dos sabotadores, quero explicá-la com uma analogia. Na primeira infância, somos como esponjinhas que absorvem os comportamentos dos adultos que estão nos criando. Essas atitudes nos preenchem ou criam gaps emocionais. E isso acontece porque não temos como ser completamente realizados com tudo o tempo inteiro. Seres humanos têm falhas, e pais e cuidadores não conseguiriam, mesmo se quisessem, suprir todas as nossas necessidades.

É a partir desses gaps emocionais que os sabotadores são criados e podem estar em desequilíbrio, uma vez que vamos criando máscaras para nos adequar aos comportamentos adultos que nos foram ensinados. Os sabotadores são os vilões da nossa história e também os nossos protetores, porque nos prejudicam, mas também nos guardam dos males. O fato, contudo, é que estão na nossa mente, como indica Chamine:

---

[15] KNOW your inner saboteurs: Shirzad Chamine at TEDxStanford. Stanford: TEDx Talks, 20 jun. 2013. Vídeo (20 min). Publicado pelo canal TEDx Talks. Disponível em: https://www.youtube.com/watch?v=-zdJ1ubvoXs. Acesso em: 1 dez. 2023.

> *A razão de tantas de nossas tentativas de aumentar o sucesso ou a felicidade resultarem em fiasco é que nós nos sabotamos. Mais precisamente, nossa própria mente nos sabota. Sua mente é sua melhor amiga. Mas também é sua pior inimiga. Sem que você perceba completamente, "Sabotadores" não detectados na sua mente provocam a maior parte dos empecilhos na sua vida. As consequências são enormes.*[16]

As consequências geradas pelos sabotadores chegam a ser tão grandes que, em muitos momentos, podem estar impedindo você de conseguir os resultados que deseja ao falar inglês. Podem estar bloqueando o seu caminho, falando tão alto que estão impedindo você de ouvir a verdade sobre o seu processo de aprendizado, sobre como a sua jornada é bonita e possível.

A partir de uma releitura e uma nova análise dos sabotadores, tendo como norte a minha experiência de mais de trinta anos dando aulas de inglês, quero apresentar cada um deles para que você possa dar o primeiro passo em busca do equilíbrio.

1. Sabotador vítima

O primeiro sabotador se coloca sempre em um lugar de "coitadinho", tendo como necessidade primordial a atenção. Isso porque toda criança precisa de amor e carinho, mas nem sempre essas necessidades são atendidas da maneira adequada. Não é "culpa" dos pais, porque pode acontecer por falta de conhecimento, resultando em crianças negligenciadas em muitas necessidades emocionais na primeira infância.

Como o cérebro precisa de conexão com as pessoas, essa falta de atenção ao longo do tempo pode desencadear o desequilíbrio do

---

[16] CHAMINE, S. **Inteligência positiva**. São Paulo: Fontanar, 2013.

AS SUAS CRENÇAS PODEM SER O FATOR PRINCIPAL QUE PRENDEM VOCÊ AO ESTADO ATUAL DE NÃO APRENDIZAGEM.

@TIADOINGLES

sabotador vítima, gerando um adulto que se sente o único que não consegue alcançar algo. Adaptando para o aluno de inglês, ele acha que é o único no mundo inteiro que não vai conseguir se desenvolver e falar essa língua. Sente-se diferente dos demais, é sequestrado por esse comportamento e acaba se isolando porque, no fundo, quer atenção e não consegue agir. Fica o tempo todo aguardando que alguém pegue o inglês e o coloque com uma colherzinha na boca dele, mas sabemos muito bem que isso não vai acontecer.

2. Sabotador perfeccionista

Muito mais do que apenas cuidadoso e caprichoso, o perfeccionista coloca em si uma cobrança muito intensa. A origem desse sabotador, em geral, está conectada a pais e cuidadores que mostraram para essa pessoa, desde a primeira infância, que os sentimentos dela eram inadequados porque ela não se encaixava em perfis perfeitos e "bonzinhos". Por exemplo: "Você chora demais. Deveria ser igual ao seu irmão, que é quietinho e se comporta muito bem". Com essa sensação de uma constante busca pela aprovação, perfeccionistas acabam em desequilíbrio ao buscarem mais a aprovação alheia do que a satisfação pessoal.

Para os alunos de inglês, esse sabotador em geral diz que eles não são merecedores de nada, que precisam "ralar" muito para conseguir ser um pouco melhor. Sem esforço, sem sangue e sem lágrimas, *there are no free lunches* (sem almoços grátis), pois nada é de graça na vida. A realidade é que esse sabotador é muito nocivo para os alunos, pois, para aprender a falar inglês, é preciso errar muito, então, como não se permitem errar, preferem se manter de boca fechada.

3. Sabotador servil

É aquele que sempre prioriza as necessidades do próximo em detrimento de si. Na minha jornada, inclusive, tenho esse sabotador em um nível mais alto, pois convivi com pais separados desde cedo, o que me fez inconscientemente entender que precisaria cuidar da minha mãe antes de mim mesma porque ela estava sofrendo com a separação. Para mim, a dor dela era mais importante, e eu não poderia ser *a burden* (um fardo) para ela.

No contexto do inglês, há pessoas que colocam outras como prioridade e se deixam para depois. Estão sempre cuidando do próximo, por isso não se desenvolvem no tempo esperado e com a capacidade que poderiam alcançar. Se separam um tempo para estudar, por exemplo, sabotam esse plano, para ajudar alguém, ou servi-lo, pensando: *Depois eu faço*. E acabam não fazendo e se deixando para depois.

4. Sabotador inquieto

Está em uma busca eterna por novidades. Busca o novo, começa e para tudo aquilo a que se propõe e se pauta nesse comportamento que é, de certa forma, infantilizado. Começa inglês e para. Começa japonês e para. Depois, começa natação, mas para. E assim por diante. O sabotador inquieto está sempre procurando adrenalina. Ele costuma falar assim: "Qual é a próxima coisa legal para fazer?".

A origem desse comportamento vem da infância e das novidades constantes que recebemos nesse período; entretanto, somos seres homeostáticos e buscamos o equilíbrio para não estagnarmos em picos ou vales. Estar estável não significa estar triste, e sim em equilíbrio consigo.

5. Sabotador hipervigilante

Esse sabotador é a personificação do medo. É uma pessoa que tem medo de tudo, do que as pessoas vão pensar dela, do que pode dar errado, do que pode acontecer de ruim. Em geral, tem pensamentos caóticos, mais ou menos assim: *Hoje preciso falar inglês na* reunião, mas não vou conseguir, então serei demitido, não conseguirei mais nenhum emprego e passarei fome ao morar na rua. *Eu vou morrer*. Percebe como é um medo irreal e exagerado?

Estar em desequilíbrio com esse sabotador significa fugir constantemente dos momentos em que precisa se expor ao falar inglês. Esse medo acaba desencadeando a criação de histórias para não precisar passar por isso.

6. Sabotador hiper-realizador

É o indivíduo competidor nato. Em geral, teve pais ou cuidadores que reforçavam esse comportamento: "O seu filho já consegue ler? O meu consegue e é o melhor da sala". Assim, cresce competindo o tempo inteiro e acaba associando que só será amado se ganhar em todas as áreas da vida. Ou seja, é o famoso "só entra em um jogo para ganhar" e sente que, se estiver no topo, será aceito.

Desse modo, medalhas de ouro são exaltadas e medalhas de prata são jogadas no lixo, o que faz com que não existam pequenas conquistas na vida, porque a barra de comparação é sempre muito alta. É por isso que esse sabotador desiste do inglês, porque para ele só faz sentido participar se conseguir ver grandes progressos, o que é irreal, uma vez que aprender acontece em um processo com passos pequenos e constantes.

7. Sabotador hiper-racional

É aquele que acredita que tudo está na ciência e na mente. É assim porque quer provar para os outros que sabe tudo como uma forma de se defender dos próprios sentimentos. Fixa-se muito nas regras, então não se deixa viver o momento e aproveitar o processo.

Como aluno de inglês, quando erra, já se corrige e segue em frente. Tem muita dificuldade de se conectar com os outros, porque "conexão é uma coisa boba e superestimada". Esquece que o objetivo primário de aprender um segundo idioma é criar conexão, e não mostrar aos outros o que sabe. Entretanto, somos seres emocionais, aceitemos isso ou não.

8. Sabotador controlador

Esse sabotador anda de mãos dadas com o perfeccionista e é o indivíduo que está tentando controlar sempre: os outros, as emoções dos outros, o que os outros pensam, o que os outros fazem etc. Não permite que a outra pessoa aja pelo simples fato de que só consegue tomar uma atitude se estiver no controle; assim, não vai a uma aula de conversação porque não sabe quem estará lá e o que vão pensar sobre ele.

É o típico aluno de inglês que se irrita com regras e fala frases como: "Por que conjugamos assim, e não assado?"; "Por que a pronúncia de X não é igual à de Y?"; ou ainda: "Acho que deveria ser assim. Por que não é?". Ele acha que estará no controle quando souber tudo, *but nobody knows it all* (mas ninguém sabe tudo).

9. Sabotador procrastinador

Vive a ilusão de que o "eu do futuro" resolverá a vida dele. Por que fazer hoje o que pode fazer amanhã? Ele toma as rédeas das próprias decisões à procura do descanso. Como dizia o Jaiminho do programa *Chaves*: "É para evitar a fadiga!". Pode parecer muito sedutor deixar tarefas para o futuro, afinal, descansar também é uma necessidade, porém, quando fica em desequilíbrio, esse sabotador mantém a pessoa refém da não realização.

Fugindo sempre do desconforto, esse sabotador é um eterno amigo do sabotador servil, pois muitas vezes ele procrastina porque não consegue se colocar como prioridade, então vive em uma eterna ilusão de resultados, já que não age nem faz o que precisa ser feito. Lembre-se: para que você tenha resultados amanhã, é preciso que faça algo hoje.

10. Sabotador crítico

Esse sabotador é chamado de "pai de todos", porque, mesmo que você não se identifique com nenhum dos outros, ele com certeza estará presente. Ele é o chefe, o que convoca todos os outros a aparecerem. Tem como origem as críticas que recebemos ao longo da vida, porém não há crescimento sem entendermos o que está dando certo ou não, concorda? Por meio das críticas aprendemos muitas coisas. E são elas que nos oferecem os louros do desenvolvimento pessoal.

O sabotador crítico se manifesta, sobretudo, nos exercícios de *listening*. O aluno escuta o áudio já dizendo para si que não está entendendo e que é burro. Essa voz insuportável que fala dentro da cabeça é ativada nos exercícios de *listening* porque costumamos fazer um diálogo interno no qual olhamos para baixo para que possamos prestar atenção sem receber estímulo visual. Quando você faz isso, automaticamente chama o sabotador crítico para se sentar ao seu lado. E ele fala coisas horríveis para você. Pense no que você escuta quando está fazendo exercício de *listening*: "Parabéns! Você está indo muito bem. Como você evoluiu!" ou "Você não entende nada, né? Eles falam rápido demais, você nunca vai conseguir"?

Agora que você já sabe como cada sabotador funciona, quero que pare por um momento e me responda: você se identificou com um ou mais sabotadores? Grande parte das mudanças acontece a partir do momento que você entende o que está acontecendo na sua mente subconsciente, o que está dando certo ou não. Nesse contexto, entender os sabotadores é perceber que eles não são você e estão agindo na sua mente para que você tome decisões diferentes das mais acertadas. Como muitas das decisões diárias são subconscientes, identificar quais são os sabotadores em ação é fundamental para mudar esses comportamentos.

Que tal fazer um teste para descobrir quais sabotadores estão atormentando a sua vida? Siga os passos do exercício a seguir.

⊘ EXERCÍCIO: TESTE DOS SABOTADORES

Assinale de uma até quatro alternativas para cada uma das perguntas a seguir. Saiba que é muito comum se identificar com mais de um sabotador, por isso vale ressaltar que eles não são estáticos e que todos nós temos que lidar com pelo menos um deles. Ainda, eles podem variar de acordo com a situação e com as emoções que estamos sentindo.

Disclaimer (recado importante e isento de responsabilidade legal*)*: se não se identificar com nenhum sabotador, tome cuidado, pois eles podem estar se escondendo de você e claramente decidindo por você. Faça o exercício com o máximo possível de honestidade.

1. Quando enfrenta desafios, como você costuma se sentir?
   a. Desamparado, acreditando que as coisas sempre dão errado comigo.
   b. Frustrado, se as coisas não saem perfeitas.
   c. Sobrecarregado, colocando as necessidades dos outros sempre acima das minhas.
   d. Ansioso por novidades e impaciente com a rotina.
   e. Paralisado pelo medo de errar e pela incerteza do que vai acontecer.
   f. Competitivo, buscando constantemente vencer os demais competidores.
   g. Priorizando a lógica sobre os sentimentos.
   h. Tentando manipular resultados e situações para ter o controle do desafio.
   i. Deixando para o último momento para resolver.
   j. Sendo crítico, focando o que está errado e ignorando o que está certo.

2. Como você lida com a ideia de cometer erros?
   a. Culpo-me intensamente, sentindo-me digno de compaixão.
   b. Tenho dificuldade em aceitar erros, vendo-os como falhas pessoais.

    c. Fico preocupado com o impacto nos outros e evito confrontos.
    d. Encaro os erros como oportunidades de aprendizado e crescimento.
    e. Tenho medo de errar, então evito ações que possam resultar em falhas.
    f. Sinto-me derrotado se não alcanço a perfeição esperada.
    g. Tento manter a frieza, evitando expressar emoções.
    h. Tento controlar todas as variáveis para evitar erros.
    i. Fico ansioso e cauteloso, com medo de resultados negativos.
    j. Sou muito crítico e duro comigo mesmo, focando os aspectos negativos.

3. Como você aborda as suas responsabilidades em relação aos outros?
    a. Me sinto sobrecarregado, porque todo mundo pede tudo para mim.
    b. Priorizo perfeição e desempenho. Se não for para fazer perfeito, nem faço.
    c. Sinto-me obrigado a ajudar, mesmo que isso prejudique meus planos.
    d. Gosto de estar sempre em movimento, buscando novidades e evitando tarefas rotineiras.
    e. Fico paralisado pelo medo de desapontar os outros ou a mim mesmo.
    f. Constantemente me comparo aos outros, buscando ser o melhor em tudo.
    g. Não me importo tanto assim com os outros. Eles que resolvam os próprios problemas.
    h. Prefiro trabalhar sozinho, porque assim as coisas ficam do meu jeito.
    i. Se eu tiver um prazo, vou cumprir, mas é provável que entregue no último momento.

j. Critico todo mundo na minha cabeça e sempre acho que ninguém consegue fazer as coisas direito.

4. Como você reage diante de situações de incerteza?
   a. Sinto-me indefeso, acreditando que o pior sempre acontece comigo.
   b. Fico ansioso e desconfortável.
   c. Eu me viro. Mas quem vai ajudar "os outros"?
   d. A incerteza não me assusta; porém, se a situação estiver chata ou difícil de resolver, vou buscar algo mais legal para fazer.
   e. Fico paralisado pelo medo do desconhecido.
   f. Tento superar os outros para provar a minha competência.
   g. Eu não sinto essas coisas.
   h. Detesto incertezas. Detesto depender dos outros.
   i. Fico alerta, pois não sei lidar com incertezas.
   j. Fico crítico e negativo, imaginando o pior cenário possível.

5. Como você lida com as próprias conquistas e sucessos?
   a. Sinto-me desqualificado para receber reconhecimento. Não sinto que mereço destaque.
   b. Acredito que o sucesso só é válido se for perfeito e sem falhas.
   c. Minimizo as minhas realizações para não deixar os outros desconfortáveis com elas.
   d. Busco constantemente novos desafios para evitar a monotonia.
   e. Fico inseguro e com medo de não conseguir manter o sucesso.
   f. Já fico pensando na próxima coisa que quero conquistar. Imponho uma meta ainda maior.
   g. Evito demonstrar emoções, mantendo-me controlado. Não sou efusivo.
   h. Tendo a buscar ainda mais sucesso, para que todos possam me aplaudir.
   i. Fico feliz, mas sempre penso que "dei sorte".
   j. Foco as áreas em que ainda não alcancei o sucesso.

6. Como você enfrenta situações de confronto ou desacordo?
   a. Me sinto acuado com conflitos. Não consigo me impor.
   b. Fico tenso e irritado, buscando impor a minha visão.
   c. Evito conflitos, priorizando a paz a qualquer custo. Se for preciso, me calo.
   d. Evito situações desconfortáveis e simplesmente não lido com desacordos. Fujo disso.
   e. Fico paralisado diante do medo de desagradar ou causar desconforto.
   f. Quero sempre provar que estou certo.
   g. Falo o que penso e não estou nem aí para os sentimentos dos outros.
   h. Tento controlar a situação e as reações das pessoas ao meu redor.
   i. Fico ansioso e receoso diante de conflitos, evitando confrontos diretos.
   j. Sou crítico e argumentativo, buscando provar que estou certo.

7. Como você lida com a gestão do tempo?
   a. Sinto-me sobrecarregado, acreditando que nunca há tempo suficiente para realizar tudo o que é necessário.
   b. Fico tenso e irritado se as coisas não forem feitas rapidamente.
   c. Priorizo as demandas dos outros, muitas vezes em detrimento das minhas próprias prioridades.
   d. Gosto de estar sempre ocupado e em busca de novidades.
   e. Paraliso diante da pressão do tempo, com medo de cometer erros.
   f. Luto contra o relógio, buscando superar prazos.
   g. Mantenho-me frio e lógico, evitando demonstrar pressa.
   h. Tento controlar o tempo e as variáveis para evitar atrasos. Não tolero mudanças de horários ou agendas.
   i. Fico ansioso e nervoso diante de prazos apertados.
   j. Fico crítico e negativo diante de prazos apertados. Sempre acho que não vai dar para cumprir.

8. Como você se sente ao precisar pedir ajuda?
   a. Sinto que as pessoas são obrigadas a me ajudar ou fazer por mim, já que eu não consigo sozinho.
   b. Pedir ajuda é um sinal de fraqueza. Prefiro evitar.
   c. Não peço ajuda. Quando peço, acho que estou atrapalhando a pessoa.
   d. Deixo que me ajudem.
   e. Paraliso diante do medo de pensar em pedir ajuda. Vai que a pessoa diz "não".
   f. Sou forte e capaz de superar desafios, então não preciso de ajuda.
   g. Mantenho-me racional, evitando demonstrar vulnerabilidade.
   h. Eu mantenho o controle e me viro sozinho.
   i. Se eu puder, quero mais é que façam tudo por mim.
   j. Acho desnecessário pedir ajuda. Já sou bem grandinho e sei resolver sozinho.

9. Como você se sente quando precisa aprender algo desafiador?
   a. Acho que é muito difícil e que não vou conseguir.
   b. Estudo incansavelmente até saber tudo.
   c. Fico esperando o elogio dos outros para me manter na jornada.
   d. Amo aprender algo novo. Faço mil cursos ao mesmo tempo, mas não termino nenhum.
   e. Paraliso, pois preciso ter um passo a passo nos mínimos detalhes, indicando o que deve ser feito.
   f. Compito para provar que tenho controle sobre minha imagem e reputação.
   g. Gosto de ter controle da minha vida e não me importo com os outros.
   h. Deixo para estudar e me dedicar no fim do prazo. Se não tiver prazo, não estudo.
   i. Tento controlar a forma como os outros me percebem e reagem a mim.
   j. Nunca acho que sei o suficiente.

Resultado

- **A vítima:** se suas respostas foram principalmente (a), você pode ter tendências de vitimização. Lembre-se de afirmar a sua capacidade e o seu protagonismo na vida.
- **O perfeccionista:** se (b) foi sua escolha predominante, você pode ter características perfeccionistas. Aceite os erros como oportunidades de crescimento.
- **O servil:** se (c) foi sua opção principal, você pode estar priorizando demais os outros em detrimento de si. Pratique dizer "não" quando necessário.
- **O inquieto:** se (d) foi sua escolha dominante, você pode ter tendências inquietas. Estabeleça metas claras para manter o foco.
- **O hipervigilante:** se (e) foi a opção mais frequente, o medo pode estar limitando as suas ações. Desafie-se a enfrentar situações desconhecidas.
- **O hiper-realizador:** se (f) foi a opção que prevaleceu, lembre-se de celebrar as pequenas vitórias ao longo da jornada, não apenas o resultado.
- **O hiper-racional:** se (g) foi sua escolha predominante, reconheça a importância das emoções e se permita senti-las e expressá-las.
- **O controlador:** se (h) foi a opção mais escolhida, aceite que há coisas que estão fora do seu controle. Foque as suas reações e as suas atitudes.
- **O procrastinador:** se (i) foi a opção predominante, evite adiar responsabilidades pensando que o "eu do futuro" resolverá tudo. Aja agora.
- **O crítico:** se (j) foi a opção principal, pratique a celebração das pequenas vitórias e foque o positivo em vez do negativo.

Anote quais são os seus sabotadores que estão em maior desequilíbrio.

_____
_____
_____
_____

Usaremos esse material no Capítulo 6, uma vez que trataremos os sabotadores com mais detalhes, a origem de cada um e os antídotos para eles. Essa introdução é importante para você entender a ação deles na sua vida.

Então, não se sabote. Se largar este livro não lido na sua mesa de cabeceira, significa que está deixando os seus sabotadores dominarem você. Mas você não é eles. Não se deixe enganar. Encontro você no próximo capítulo.

CHAPTER THREE

PNL E APRENDIZAGEM ACELERADA – REAPRENDENDO A APRENDER

Faça uma estimativa agora de quantas notificações você recebe por dia. Caso não deixe o seu celular no modo silencioso ou no modo trabalho, consulte quantas notificações aguardam você neste exato momento. Tenho certeza de que, para uma ou outra questão, a resposta é: inúmeras. Você já deve ter percebido que a quantidade de informações recebidas diariamente do meio externo está cada vez maior. Se analisarmos o passado, quando o celular nem existia, as diferenças são gritantes, considerando a realidade atual, em que WhatsApp, Instagram, YouTube, TikTok, LinkedIn e tantos outros aplicativos brigam por atenção, enviam estímulos e mais estímulos para que possamos gastar mais tempo em cada um deles.

Uma vantagem disso tudo, por outro lado, é ter livre acesso à informação de qualidade. Tudo está, literalmente, na palma da mão. Podemos ir do Brasil até o Japão e aprender tudo sobre uma cultura diferente. A desvantagem é termos perdido o tão estimado *attention span* (limiar de atenção), que é a capacidade de sustentar a atenção em algo sem se distrair.

Você já percebeu como muitas pessoas têm se autodiagnosticado com transtorno do déficit de atenção com hiperatividade (TDAH) porque viram um vídeo sobre o assunto? Estamos sofrendo com a cobiça do conhecimento. Tentamos consumir mais e mais informações, esquecendo que o aprendizado requer profundidade. Ficamos perdidos no abismo da superficialidade, e é óbvio que não aprenderemos nada em um vídeo de 15 segundos, mas temos a impressão de que sim. Nunca conheci alguém que tenha aprendido inglês apenas com dicas, então não caia nessa armadilha.

Precisamos encontrar novos caminhos para ter mais autonomia no processo de busca por desenvolvimento. Como podemos fazer isso? Com ferramentas que ajudam a acelerar esse processo. Imagine que você é uma criança e está aprendendo objetos que não conhece. Você pergunta para a sua mãe o que é uma poltrona. Sem nenhum exemplo visual, ela diz: "Uma poltrona é igual a uma cadeira, só que mais fofinha, tipo um sofá. No sofá cabem várias pessoas; na poltrona cabe uma pessoa só". Com essa analogia, é provável que você entenda o que é uma poltrona. Talvez você não consiga imaginar perfeitamente como ela é, mas com a explicação já é possível ter um ótimo norte para descobrir mais sobre esse objeto. Assim como você aprendeu inúmeras coisas durante o seu amadurecimento fundamentado em analogias inteligentes, a aprendizagem também pode ter recursos valiosos que ajudam a passar por esse processo com mais facilidade. A aprendizagem acelerada – e os desdobramentos dela – é um deles.

APRENDER MAIS E MELHOR

Em meados de 1960, o psicólogo e educador búlgaro Georgi Lozanov (1926-2012), ao procurar uma maneira de fazer os alunos conseguirem reter mais informações durante os estudos, desenvolveu uma metodologia que foi reconhecida pela Organização das Nações Unidas para Educação, Ciência e Cultura (Unesco) como um modelo de aprendizagem acelerada capaz de gerar resultados muito bons em espaços curtos de tempo.[17]

---

[17] MARQUES, J. R. Lozanov e a aceleração do aprendizado. **Instituto Brasileiro de Coaching**, 31 mar. 2012. Disponível em: https://www.ibccoaching.com.br/portal/comportamento/lozanov-aceleracao-aprendizado. Acesso em: 6 dez. 2023.

É válido destacar que não tenho a pretensão de apresentar todos os pilares desenvolvidos brilhantemente por Lozanov; quero mostrar, por meio da minha experiência, o que funciona para alunos de inglês que precisam aprender com mais eficiência.

A aprendizagem acelerada não tem a ver com o tempo de estudo, e sim com ganhar <u>eficiência</u> ao estudar. É relacionada a aumentar a eficácia do processo de aprendizagem com técnicas baseadas na compreensão do funcionamento do cérebro e na utilização de recursos de maneira otimizada. Ela pode ser aplicada a qualquer tipo de conteúdo, desde matérias escolares até habilidades profissionais. Pode ser útil, inclusive, para quem deseja aprender mais em menos tempo, melhorar a memória e a concentração ou simplesmente tornar o aprendizado mais prazeroso. Quem não quer tudo isso, não é mesmo?

Vamos analisar, então, algumas das técnicas que acredito serem fundamentais para esse processo. Antes de entrar em cada uma delas, quero desmistificar um conceito importante e apresentar uma nova maneira de olhar para o processo de aprendizado. Em primeiro lugar: adultos não só aprendem como também podem aprender muito mais rápido do que crianças.

Uma das minhas melhores alunas, que chamo carinhosamente de Golden Girl, tinha 62 anos quando me procurou. Carmen sempre foi professora de balé, então, quando precisou parar de dar aulas, sentiu que estava sem um propósito. Foi assim que ela começou a me analisar no Instagram e acabou virando minha aluna. Provavelmente você se chocará, mas ela aprendeu inglês em apenas quatro meses. "Como ela fez isso, Marcela?" Com muita disciplina e seguindo à risca todos os passos do método que apresentei a ela.

Depois de quatro meses estudando, Carmen já falava com uma fluência impressionante. Fizemos até uma live em inglês, na qual ela se saiu muito bem. Ela é a prova viva de que a barreira da idade é inexistente quando o assunto é aprender inglês. E vou explicar por quê. Por ter uma experiência de vida muito vasta, fica mais fácil utilizar essa bagagem para conduzir o aprendizado. Somos quase autodidatas quando nos transformamos em adultos maduros. E você deve usar isso a seu favor durante esse processo.

Outro ponto que acho importante reforçar aqui é: se a Carmen aprendeu inglês fluentemente em quatro meses, isso não significa que o seu processo será igual. É preciso reconhecer que cada um tem uma história, uma trajetória, um repertório, um estilo de aprendizagem. Cada um consegue realizar esse feito dentro do próprio tempo.

Uma analogia muito boa que uso com os meus alunos é que, aprendendo inglês, eles são como pipocas. Para estourar pipocas, colocamos o milho na panela, algum tipo de gordura – como óleo, azeite ou manteiga –, ligamos o fogo e aguardamos o processo natural. Depois de um tempo, a panela fica muito quente, algumas pipocas estouram logo no primeiro minuto e outras demoram um pouco. Aprender inglês com um método adequado é exatamente assim. O método nada mais é do que a panela, o fogo e a gordura; já você, como aluno, é o milho que está dentro da panela e vai estourar em algum momento, isto é, ficará fluente em inglês. Assim como cada milho tem o próprio tempo, você também tem o seu.

Lembre-se: *you're not* (você não é) todo mundo. Você é único, tem a sua experiência e deve respeitar o seu tempo e o seu estilo. Em algum momento, com dedicação, estudo e as técnicas certas – que está aprendendo aqui! –, você conseguirá chegar ao seu objetivo. Então, não se desespere. Você está no caminho certo.

A aprendizagem acelerada que vou apresentar ao longo dos próximos capítulos é a melhor tática para aprender mais coisas sem a necessidade tão grande de as revisitar muitas vezes. É otimizar esse processo. Para isso, é preciso entender o que funciona e o que não funciona.

YOU'RE NOT
(VOCÊ NÃO É)
TODO MUNDO.
VOCÊ É ÚNICO, TEM
A SUA EXPERIÊNCIA
E DEVE RESPEITAR
O SEU TEMPO E O
SEU ESTILO.

@TIADOINGLES

O TOMATE E A APRENDIZAGEM FOCADA

Em meados dos anos 1980, o especialista em produtividade pessoal e empreendedor italiano Francesco Cirillo era um estudante universitário que tinha dificuldade de concentração. Ele achava que não estava aprendendo as matérias para o vestibular da maneira correta e decidiu tentar algo diferente. Pegou um cronômetro de cozinha em formato de *pomodoro* (tomate) e o colocou para funcionar. Durante 25 minutos, ele estudou com foco total e disciplina. Depois, descansou por 5 minutos e retomou esse processo após o descanso. Em pouco tempo, Cirillo percebeu que os resultados aumentaram e ele estava retendo muito mais conteúdo do que antes.[18]

Por que isso aconteceu? Qual é a lógica? Essa técnica, chamada de Pomodoro, revolucionou a maneira como as pessoas estudam. Ao delimitar o tempo de concentração, você privilegia um bloco pequeno para que o cérebro coloque concentração total naquilo e divide o fluxo de estudo em blocos de concentração intensa, melhorando a agilidade do cérebro e estimulando o foco. É possível utilizar isso no inglês? Com toda certeza.

Para colocar em prática, você precisará de um timer ou cronômetro, que pode estar no seu celular, por exemplo, e uma lista do que precisa estudar. Ajuste 25 minutos e ative o timer. Durante esse período, mantenha-se 100% concentrado. Feche todas as abas do seu computador, coloque o celular no modo silencioso, fique em um cômodo separado das outras pessoas da casa e faça de tudo para não desviar a atenção da tarefa. Quando o timer tocar, você deve parar de estudar e se dar um momento de descanso. Essa pausa pode ser de 5 ou 10 minutos. Depois, um novo bloco de estudos se inicia.

---

[18] TÉCNICA pomodoro: estude com essa e outras técnicas. **SAE Dígital**, c2024. Disponível em: https://sae.digital/tecnica-pomodoro. Acesso em: 7 dez. 2023.

Um bom exemplo para dividir o pomodoro é: se você tiver apenas uma hora de estudo, faça o primeiro ciclo com 25 minutos, pare por 10 minutos e estude por mais 25 minutos. Pronto! Tenho absoluta certeza de que você verá diferenças de aproveitamento logo na primeira semana.

Utilizar essa ferramenta como método de estudos é um dos pilares da aprendizagem acelerada e algo que indico para todos os meus alunos pela efetividade. Ela faz o conteúdo estudado ser mais dinâmico, divertido, e você manda uma mensagem para o seu cérebro indicando que ele precisa de um tempo de concentração e depois receberá a recompensa do descanso – e da economia de energia – para que possa reiniciar. É maravilhoso, então use a seu favor!

Memória: dádiva ou tormento?

Muitos alunos, ao começarem o processo de aprendizagem comigo, relatam a seguinte queixa: "*Teacher*, eu aprendo inglês, mas depois esqueço". O esquecimento muitas vezes é considerado vilão, mas vou provar para você que essa ótica nem sempre é a melhor.

Pare por um momento e imagine: como seria se você pudesse se lembrar de absolutamente tudo o que já aconteceu na sua vida? Traumas ou felicidades. Dificuldades ou facilidades. Medos ou realizações. Acidentes, abusos, infelicidades, separações... Seria bom? Acredito que não. Infelizmente, algumas pessoas conseguem fazer isso. Essa condição, chamada de hipertimesia ou síndrome da supermemória, diagnosticada em apenas vinte pessoas no mundo todo, é a incapacidade de esquecer qualquer lembrança.[19] Tudo o que aconteceu na vida das pessoas que têm essa condição tão rara está gravado na memória delas. Em vez de ser uma dádiva, a memória pode ser um tormento nesses casos, pois ela é um mecanismo

---

[19] MOREIRA, D. M. Hipertimesia. **InfoEscola**, c2024. Disponível em: https://www.infoescola.com/neurologia/hipertimesia. Acesso em: 19 fev. 2024.

de proteção, uma vez que faz esquecer as adversidades passadas ao longo da vida. Ela nos protege e faz que possamos seguir em frente.

Assim, para alunos que falam que esquecem o conteúdo, costumo dizer: "Fique feliz, porque esquecer é uma bênção. Que ótima notícia saber que você esquece, porque isso significa que o seu cérebro é saudável". O que é preciso aprender é como reter mais conteúdo utilizando o método certo para que você não precise fazer tantas revisões do que estudou. Esse processo é como um copo de água com glitter.

Imagine que você tem um copo e o preenche com 60% de água. Então, você coloca um punhado de glitter na superfície. Alguns glitters serão mais pesados e vão começar e descer para o fundo do copo. Outros, por serem mais leves, vão continuar na superfície. Ao adicionar mais água, provavelmente ela vai transbordar, e os glitters que estão na superfície vão cair para fora do copo. Assim é o nosso estudo! As informações que você coloca no seu cérebro funcionam nessa mesma lógica: algumas vão para o fundo do copo e são guardadas na memória, enquanto outras transbordam. E está tudo bem. O mais importante é entender como você pode fazer mais informações ficarem e menos informações irem embora. O que faz, então, você fixar ou esquecer o conteúdo?

Duas informações são importantes: 1) memória e organização estão intimamente ligadas; 2) memória e emoção, quando juntas, têm um poder incrível. Sem organização, o processo de fixação do conteúdo é quase impossível. Por outro lado, as emoções nos dão um poder absurdo de lembrança. Quer ver só?

Pense no que você almoçou há cinco dias. Você lembra? Provavelmente não. Agora, pense no que você estava fazendo quando aconteceu o ataque terrorista, em 11 de setembro de 2001, às Torres Gêmeas, nos Estados Unidos. É possível que você lembre onde estava, o que estava fazendo, qual roupa estava usando e com quem estava. Isso acontece porque a emoção estava presente, seja de medo, seja de choque.

Isso acontece porque temos dois tipos de memória: de trabalho e de longo prazo. A memória de trabalho é capaz de armazenar pouca coisa por pouco tempo. Já a memória de longo prazo pode guardar muita coisa por muito tempo. As emoções, portanto, acabam gerando memórias de longo prazo, e é por isso que você se lembra com detalhes de eventos que marcaram a sua vida.

O psicólogo e pedagogo alemão Hermann Ebbinghaus (1850-1909) estudou esse processo e descobriu que guardamos informações primeiramente na memória de trabalho. Se esse conteúdo for revisado e organizado em uma janela ideal de 1 hora na primeira revisão, 24 a 72 horas na segunda e depois em até 30 dias, há muito mais chances de ele ser retido na memória de longo prazo. Então, é normal esquecer, o que não é normal é você se forçar para se lembrar de tudo ou não revisar os conteúdos e achar que vai aprender.

Quando chegamos à fase adulta, o cérebro funciona mais ou menos assim: ele é como uma garagem cheia de cacarecos na qual há um segurança na porta – o seu hipocampo – decidindo o que entra, o que fica e o que deve sair. Quando o seu segurança recebe um novo "pacote de conteúdos", ele pensa: *Vou observar para ver se esse pacote tem mesmo que ficar aqui e onde vou armazená-lo*. Se depois de 24, 48 ou 72 horas você não comentou o pacote nem tocou nele, o cérebro pensa: *Isso aqui não é muito importante, já posso jogar fora, não posso aprender nada com isto*. Se os pacotes vêm amontoados e bagunçados, a tendência também é o descarte. Essa limpeza acontece enquanto dormimos, quando o hipocampo reorganiza a garagem e a mente determina o que fica e o que vai embora.

Então, a regra aqui é clara: se você quer se lembrar de algo, divida a informação em blocos, organize-as, adicione emoção e as revise em uma janela ideal de 24 horas até no máximo 72 horas. Ao fazer isso, você ficará muito mais eficiente!

⊙ EXERCÍCIO: MEMORIZAÇÃO

Será que você está ajudando a sua memória? Leia cada uma das frases a seguir e marque quais delas se aplicam a você. Depois que finalizar, some um ponto para cada uma das frases que marcou para saber o resultado.

- ☐ Eu repito em voz alta sempre que assisto a uma aula.
- ☐ Eu organizo o meu material e anoto tudo de maneira organizada.
- ☐ Eu uso mapas mentais e canetas coloridas.
- ☐ Eu crio filmes mentais das frases que vou usar.
- ☐ Eu conecto as palavras e as frases com alguma emoção, para me lembrar delas.
- ☐ Eu reviso os conteúdos na janela ideal de 24 a 72 horas.
- ☐ Eu costumo beber 2 litros ou mais de água por dia.
- ☐ Eu costumo fazer detox digital pelo menos uma vez por semana.
- ☐ Eu costumo ter boas noites de sono e me sinto recuperado pela manhã.
- ☐ Eu faço exercícios físicos regularmente.
- ☐ Eu distribuo os meus ciclos de estudo em ciclos menores.
- ☐ Eu me faço perguntas sobre o conteúdo aprendido para revisar.
- ☐ Eu tenho um espaço específico, um cantinho de estudos.
- ☐ Quando estudo, eu me mantenho concentrado, sem distrações.
- ☐ Eu sou constante nos estudos, estudando de três a cinco vezes na semana.

Resultado

- **De 12 a 15:** você está de parabéns. Você tem muitos comportamentos que ajudam a sua memorização e a fixação dos conteúdos.
- **De 7 a 11:** você tem muitos comportamentos que ajudam a sua memorização e a fixação dos conteúdos. Será que consegue melhorar ainda mais esse poder de memorização? Avalie quais comportamentos da lista você ainda pode desenvolver.
- **Abaixo de 6:** alerta! Você ainda não tem muitos comportamentos que ajudam a sua memorização e a fixação dos conteúdos. Que tal implementar esses bons hábitos na sua rotina a partir de já?

CHAPTER FOUR
MUDE O QUE ACREDITA SOBRE SI

Em uma escala de 0 a 5, quanto você acha que os seus pensamentos influenciam a sua vida e a sua saúde? Eles influenciam o que você faz e os resultados que obtém? Influenciam até mesmo o seu destino e como você estará daqui a alguns anos? Essas foram algumas das perguntas que me fiz quando comecei a estudar programação neurolinguística. Foram, também, as perguntas que a psicóloga e professora estadunidense Kelly McGonigal fez para si mesma e que a levaram ao TED Conference.

Essas questões a fizeram desenvolver a palestra *How to make stress your friend*[20] (Como fazer o estresse ser seu amigo), na qual conta que passou anos e anos falando dos males do estresse e de como esse estado estava afetando negativamente a vida de cada um dos pacientes dela. O objetivo era alertar essas pessoas e fazê-las buscar um estilo de vida mais saudável e que não necessariamente eliminasse o estresse, mas, sim, o minimizasse para que os efeitos gerados não fossem tão nocivos à saúde. Foram anos e anos partindo dessa mesma premissa.

A perspectiva mudou apenas quando ela encontrou uma pesquisa, feita pela Universidade de Wisconsin-Madison (EUA), que acompanhou 30 mil adultos durante oito anos e fazia as seguintes perguntas: 1) Quanto estresse você sentiu no último ano?; 2) Você acredita que o estresse é prejudicial para a sua saúde?[21]

---

[20] MCGONIGAL, K. How to make stress your friend. Palestra proferida no TED Talks, Long Beach (California), jun. 2013. Disponível em: https://www.ted.com/talks/kelly_mcgonigal_how_to_make_stress_your_friend. Acesso em: 13 dez. 2023.

[21] KELLER, A. et al Does the perception that stress affects health matter? The association with health and mortality. **Health Psychology**, n. 31, v. 5, p. 677-84, 2012. Disponível em: https://psycnet.apa.org/record/2011-30116-001?doi=1. Acesso em: 13 dez. 2023.

Com base nas respostas e ao longo dos anos, os cientistas usaram os registros públicos para acompanhar o que acontecia com cada uma das pessoas. O resultado foi este: aqueles que afirmaram ter passado por muitos momentos de alto estresse no ano anterior tiveram aumento de 43% no risco de morte, mas isso só aconteceu com quem respondeu admitindo que o estresse era prejudicial à saúde. Pasme: a maneira como você enxerga as adversidades faz diferença nos efeitos que elas geram no seu corpo.

A mente tem o poder de mudar tudo, e você pode controlar como isso acontece por meio de suas convicções. Esse estudo revela que as crenças têm o poder de controlar a saúde e até aumentar ou diminuir as chances de morrer. Imagine, então, o que elas podem fazer pelo seu aprendizado.

SOMOS COMO ESPONJAS

O estadunidense especialista em programação neurolinguística (PNL) e consultor Robert Dilts, autor do best-seller *Crenças: caminhos para a saúde e o bem-estar*, conta que, em 1982, a mãe dele recebeu um prognóstico nada animador: uma recidiva no câncer de mama criou metástase no crânio, na espinha dorsal, nas costelas e na pélvis. Segundo os médicos, o tratamento seria paliativo, cuidando da saúde dela da melhor maneira possível perante uma doença que tinha pouquíssimas chances de cura e recuperação.

Dilts passou quatro dias ao lado da mãe trabalhando as crenças limitadoras. Para isso, usou todas as técnicas de PNL conhecidas na época para a ajudar a integrar conflitos internos causados pelos traumas e pelas mudanças que estavam acontecendo na vida dela. Foi muito doloroso, porém, depois de algum tempo, perceberam uma melhora formidável na saúde dela. Anos depois, enquanto o autor escrevia o livro, a mãe dele, que havia sido desenganada pelos médicos, não só estava viva como também praticava esportes e tinha se transformado em um exemplo de inspiração para muitas pessoas com doenças terminais.[22]

O que mudou na vida dela desde o momento da descoberta da doença? Aquilo que ela acreditava sobre si mesma. Um milagre, também, mas algo que mostra como a percepção a respeito de nós mesmos muda completamente a nossa vida, indo ao encontro do que McGonigal percebeu no estudo sobre os efeitos do estresse na saúde. Considerando esse resultado tão positivo, talvez você esteja se perguntando: "O que são as crenças, afinal?".

Em primeiro lugar, vale comentar que essas crenças não têm nada a ver com espiritualidade ou religião; elas são, na verdade, as nossas convicções e aquilo em que acreditamos. Começamos a desenvolver essas crenças a partir do momento em que nascemos, porque somos como esponjas que vão absorvendo tudo o que nossos pais, cuidadores e professores nos apresentam. Assim, dos primeiros meses de vida até os 7 anos, estamos gerando novas crenças sobre nós e o mundo. Sem querer ou sem ter intenções maiores, essas crenças se transformam em programas na mente, a partir dos quais agimos e desenvolvemos o nosso comportamento. Elas são as nossas regras internas.

Todos os seus comportamentos, bons ou ruins, são dirigidos por aquilo em que você acredita. Por exemplo, você se levanta para trabalhar porque acredita que o dinheiro é importante para prover para a sua família, e toma banho todos os dias porque acredita que isso o mantém saudável e limpo. Perceba que curioso: em algumas culturas, existe a crença contrária, de que tomar banho todos os

---

[22] DILTS, R. **Crenças**: caminhos para a saúde e o bem-estar. São Paulo: Summus, 1993.

APRENDER SEMPRE GERA CAOS NA MENTE E TRAZ DESAFIOS.

@TIADOINGLES

dias faz mal, e as pessoas seguem esse ritual. Por quê? Porque acreditam naquilo. Simples assim.

O palestrante, autor best-seller e especialista em análise comportamental Paulo Vieira fala em palestras que as crenças são como profecias autorrealizáveis, e eu concordo plenamente. Por mais que uma crença seja limitante, ou seja, que o resultado dela seja um comportamento disfuncional, nós nunca vamos agir contra a nossa crença. Sempre vamos agir de maneira que possamos <u>confirmar</u> aquela crença para que ela seja verdadeira.

Por exemplo, se você acredita que não consegue aprender, ao lidar com essa crença, o seu cérebro subconsciente diz: "Vou me esforçar menos e não vou fazer o que precisa ser feito porque assim confirmarei o que acredito sobre mim". Quando o resultado negativo vem, a mente confirma: "Está vendo? Não consigo mesmo". Os seus comportamentos vão tomar essa crença como verdade incontestável e você agirá de maneira que possa comprovar aquilo em que acredita.

Existe um princípio chamado Lei do Mínimo Esforço (LME) que corrobora esse processo. Quando o cérebro aprende algo, é mais fácil tomar decisões partindo de um padrão previamente aprendido do que reaprender tudo do zero e ter um gasto energético maior para recomeçar. Quando você aprende a escovar os dentes ou tomar banho, cria um caminho cerebral chamado trilha neurológica, e a sua mente automatiza isso para que você gaste menos energia ao executar essas tarefas. Isso é ótimo, sobretudo em momentos de perigo, como ao tirar a mão rapidamente quando em contato com o fogo. Trilhas neurológicas percorridas repetidamente são atalhos para que a mente tome decisões com rapidez.

O problema acontece quando se trata de crenças limitadoras, porque, da mesma maneira que usa a automatização para nos proteger do que nos faz mal, o cérebro usa esse caminho neural para nos proteger e reafirmar as nossas crenças, já que é o caminho mais fácil e o que gasta menos energia.

Aplicando essa lógica ao aprendizado de inglês, essas crenças limitantes fazem você ficar preso a um ciclo interminável que não o deixa avançar e aprender de modo efetivo. Em resumo, as suas crenças podem ser o fator principal que prendem você ao estado atual de não aprendizagem. Então como identificar e mudar as crenças? Entendendo o que está por trás de cada uma delas, qual é o antídoto delas e as transformando em crenças possibilitadoras, que motivam, dão força para avançar e vencer. Ter uma crença possibilitadora é ressignificar o que está travando você e substituir isso por algo que o fará superar as adversidades.

Por isso, chega de diálogos internos que afastam você do aprendizado efetivo de inglês. Eu digo sempre aos meus alunos: "Querem aprender inglês? Tenham uma linguística positiva sobre vocês. Não se critiquem dizendo: 'Eu não consigo, eu tenho dificuldade, sou burro, devo ter algum problema'".

Chegou, então, a hora de tratarmos das crenças limitantes mais comuns do inglês e as ressignificar com um antídoto cada uma. Para isso, faremos um exercício chamado *mind juggling* (prestidigitação linguística), uma técnica que funciona como uma nova análise para aquilo que pensamos. É como se você estivesse olhando apenas para um lado e, de repente, eu o ajudasse a olhar para o outro, no qual você se depara com uma paisagem completamente diferente da que está acostumado a contemplar.

"Estou muito velho para aprender inglês"

Você sabia que, desde que se começou a estudar mais da neurociência, descobriu-se que o cérebro tem neuroplasticidade para que possa aprender durante toda a vida? A neuroplasticidade é a capacidade de regeneração do cérebro ao estabelecer novas conexões neurais, sinapses que se conectam em novos grupos neurais e nos fazem aprender coisas novas. E carregamos essa capacidade ao longo de toda a vida![23]

Além disso, a memória é praticamente ilimitada, como descobriu o professor de Psicologia da Universidade Northwestern (EUA) Paul Reber. Na revista *Scientific American*, ele publicou um artigo que indica que o cérebro, se fosse comparado a um computador, teria aproximadamente 2,5 petabytes – ou 1 milhão de gigabytes – de memória, o que representa novecentos anos de gravações ininterruptas com uma câmera digital.[24]

Em resumo: você não está muito velho para aprender. Você só está <u>sem treino</u>!

"Todo mundo consegue, menos eu"

Todo mundo quem? Vamos lá. Quero que você pare e pense um pouco nisso. Quem é todo mundo para você? Muito provavelmente, ao citar "todo mundo", você está se referindo a um círculo menor e mais limitado de pessoas, afinal você não conhece todas as pessoas do planeta, não é? Talvez esteja se comparando com as pessoas da sua família, com aqueles com quem estudou ou com os seus colegas de trabalho. Mas eles não são todo mundo, certo?

Essa comparação que você tem feito com outras pessoas é extremamente prejudicial, sobretudo porque se você não sabe inglês, é porque ainda não se dedicou o suficiente para ser proficiente na língua. Não é porque você é burro ou incapaz, e sim porque priorizou outras coisas ou não utilizou as técnicas certas.

---

[23] PACHECO, B. Neuroplasticidade e longevidade. **Centro Internacional sobre o Envelhecimento**, 24 ago. 2022. Disponível em: https://cenie.eu/pt/blogs/tecnologia-e-longevidade/neuroplasticidade-e-longevidade. Acesso em: 15 dez. 2023.

[24] EXISTE um limite para a memória no cérebro? **Terra**, 2024. Disponível em: https://www.terra.com.br/noticias/educacao/voce-sabia/existe-um-limite-para-a-memoria-no-cerebro,5408859fd53ea310VgnCLD200000bbcceb0aRCRD.html. Acesso em: 15 dez. 2023.

Pense na sua profissão: quanto tempo e quantas horas você investiu estudando e aprendendo? Com certeza foram incontáveis horas. Dias, semanas, meses e anos de dedicação. Agora imagine se você utilizasse a mesma quantia de tempo para aprender inglês. Você acha que conseguiria? Eu tenho certeza de que <u>sim</u>.

"Eu nunca vou ser fluente em inglês"

Nunca é <u>muito</u> tempo. Conheço pessoas que aprenderam inglês em quatro meses. E outras que levaram oito anos. Será que em oito anos, o prazo máximo, com dedicação e as ferramentas certas, você não conseguirá aprender inglês? Certamente que sim. A palavra "nunca" é bastante limitante, então tire-a do seu vocabulário.

"Eu posso até aprender, mas para ser fluente vou ter que morar fora"

Levante a mão se você, assim como eu, conhece alguém que fez intercâmbio, morou fora por um tempo e ainda assim não fala inglês fluentemente. Eu conheço muito mais pessoas que moraram fora e não falam inglês fluente do que aqueles que estudaram no Brasil e falam fluentemente.

Isso acontece porque fazer intercâmbio é gerar um desconforto extremo para o próprio cérebro em todos os momentos. Você está em um lugar diferente, conhecendo pessoas, comendo comidas diferentes, tendo experiências diferentes, falando uma língua diferente, com costumes diferentes, e por aí vai. A experiência, em sua totalidade, já é muito desgastante para o cérebro. Assim, a solução e a busca por conforto fazem procurar aquilo que é confortável, então, quando você encontra um brasileiro, automaticamente se transforma em amigo dele, mesmo que saiba muito pouco sobre ele.

Saiba: isso não é você, é a ação do seu cérebro e da lei do mínimo esforço (LME) correndo para fazer decisões padronizadas e mais econômicas. É a sua mente sabotando a sua prática. Você entra nesse círculo de conforto e acaba deixando de aprender por não ter vivido a imersão de modo completo.

Então, infelizmente, sinto informar: morar fora não é sinônimo de falar inglês. Existem centenas de pessoas fluentes, assim como eu, que aprenderam inglês no Brasil. Quando você viaja, as suas crenças vão com você. *Therefore* (portanto), pare de pensar que isso vai resolver a sua vida, porque você pode aprender inglês em qualquer lugar do mundo. Para isso, basta ter os comportamentos e as práticas adequadas. A única coisa que vai fazer você aprender é a prática. O resto é conversa.

"Para falar inglês, eu preciso pensar em inglês"

Opa! Temos aqui uma grande falácia. O pensamento não é dependente de linguagem; se fosse, bebês não pensariam, por exemplo. O que acontece é: nós pensamos e depois traduzimos isso para a língua falada. No nosso caso, em português. A grande sacada é que esse caminho já aconteceu na língua materna tantas e tantas vezes que ficou automático, então você não precisa mais pensar para falar, existe uma *high speed highway* (rodovia de alta velocidade) para que esse processo aconteça sem você perceber. Então você não pensa em inglês. Você pensa! Ponto-final.

Assim, precisamos construir a mesma lógica – pensamento > fala em inglês > pensamento > fala em inglês – para que o processo fique automático. E com algumas frases ele já até é. Perceba: se eu perguntar para você agora *what's your name?* (qual é o seu nome?), provavelmente você vai responder de modo automático *my name is...* (meu nome é...). Essa resposta, para muitas pessoas, acontece sem que seja necessário pensar nela. Por quê? Porque essa é uma das primeiras coisas que o aluno de inglês aprende – ao lado do verbo *to be* –, então acaba automatizando o processo.

O problema é que esse processo é automatizado para poucas expressões. É preciso falar, repetir, falar, repetir e continuar fazendo isso para automatizar o inglês também para uma *high speed highway* no seu cérebro.

"Eu traduzo na minha mente, por isso nunca vou aprender"

Como expliquei no capítulo anterior, o cérebro aprende muito mais rápido com analogias. Portanto, ter um idioma-base é muito melhor para o cérebro do que não ter.

Traduzir não é um problema. Pelo contrário! Português é um *super stepping stone* (superpeça fundamental) para aprender a falar inglês. É a base que vai fazer um adulto aprender mais rápido do que uma criança pelo simples fato de que já sabe ler, escrever e analisar em português; portanto, já consegue fazer analogias.

A tradução, por outro lado, vira um problema quando o aluno tenta traduzir tudo ao pé da letra. Por exemplo: *Yesterday I was cool as a cucumber, and you know, it's me that brings the bacon home, so I had a meeting with the big cheese and it was good*. Veja a tradução literal: "Ontem eu estava gelada como um pepino porque, você sabe, sou eu que levo o bacon para casa, então tive uma reunião com o grande queijo e foi bom". Ahn?! Sem contexto, a tradução fica sem sentido. Com contexto, o jogo muda completamente. *Cool as a cucumber* é uma expressão para estar "de boa", relaxado. Já *bring the bacon home* é como "ganhar o pão de cada dia", ganhar o dinheiro. Por fim, *big cheese* é o chefão da companhia, o diretor ou Chief Executive Officer (CEO – diretor executivo).

Tente agora fazer o exercício e substituir pelas ideias corretas. Dentro do contexto fica muito mais fácil, não fica? Em vez de atrapalhar, ajuda. Então não tente construir o inglês com vocabulários soltos. Você não se comunica com palavras soltas. O contexto faz a linguagem, e você precisa se lembrar sempre disso.

"Eu sou burro"

Burro é aquele que não tem capacidade de aprender nada. Você está aqui lendo este livro? Então é porque aprendeu a ler. Você aprendeu a andar? Aprendeu a falar? Aprendeu a dirigir? Então, você não é burro. Só não teve tempo suficiente para se dedicar e aprender inglês. E esse é um fato! Certamente, há coisas que você faz muito bem.

Quais são as suas maiores conquistas de aprendizado até agora? Pare e faça uma lista mentalmente. Viu?! Você é capaz. Só se convenceu de que não era.

"Eu sempre desisto no meio do caminho"

Sempre é algo muito poderoso. Para sempre é para a eternidade. Com toda a certeza, você já começou algo e terminou. Você desistiu de tomar banho? Desistiu de escovar os dentes? Desistiu da escola? Da faculdade? É bem verdade que deve ter desistido de algumas coisas, mas não tem problema. Enumere na sua cabeça: quais projetos você já terminou?

O ponto aqui é: não é sempre que você desiste. Pergunte-se: "O que acontece se eu não desistir pelos próximos seis meses?". Há uma célebre frase, atribuída ao romancista irlandês George Moore, que indica: *A winner is just a loser who tried one more time* (Um vencedor é apenas um perdedor que tentou mais uma vez).

"Eu não gosto de inglês"

Você pensa se gosta de português? Português é um instrumento utilizado para a comunicação, do mesmo modo que o computador é um instrumento utilizado por milhões de pessoas para o trabalho. Você usa o computador, o celular e o português sem pensar se gosta ou não deles. O inglês, por outro lado, é um instrumento que abrirá portas para você. Assim, gostando ou não, você o utilizará.

Caso estudar inglês seja insuportável para você, procure assuntos do seu interesse para praticar. Gosta de maquiagem? Assista a vídeos em inglês sobre maquiagem. Gosta de finanças? Consuma esses conteúdos em inglês. Fazer isso facilitará a sua jornada.

Mais uma dica: quem gosta, aprende muito mais rápido. Além disso, busque bons mentores, que gerem inspiração. Alunos não costumam aprender com professores dos quais não gostam.

"Eu não posso errar"

Querendo ou não, gostando ou não, errar faz parte do processo de aprendizagem. Se você não puder errar, tolherá o seu aprendizado. Então faça as pazes com o erro!

Quando começou a aprender, na infância, você não sabia tudo. Você conhece alguma criança que, aos 2 anos, conversa com a mãe assim: "Cara mamãe, eu gostaria de tomar um leite, por gentileza". Nessa idade, uma criança diz: "Qué eite!". Errar é normal. E foi errando e escutando o que era correto que você aprendeu e automatizou o português. Lembre-se, portanto, que durante o processo de aprendizagem é mais natural errar do que acertar. E está tudo bem, desde que isso aconteça em um ambiente seguro.

Por isso, sempre reforço: caso você tenha um *language partner* (parceiro de treino), não deixe que ele corrija você, deixe a prática livre. Ao ser corrigido, o cérebro entende que precisa se defender e libera adrenalina e cortisol – e o cortisol é o maior apagador de memórias do mundo.[25] Portanto, nada de correções do *language partner*. Aposte apenas na autocorreção, que é o melhor cenário.

---

[25] ALTOS NÍVEIS de estresse podem encolher o cérebro e afetar a memória. **Associação Nacional de Medicina do Trabalho**, 31 out. 2018. Disponível em: https://www.anamt.org.br/portal/2018/10/31/altos-niveis-de-estresse-podem-encolher-o-cerebro-e-afetar-a-memoria. Acesso em: 15 dez. 2023.

"Se eu errar, as pessoas vão achar que não tenho capacidade"
Chega de deixar que as outras pessoas ditem o que você fará da sua vida, se você falará ou não inglês. Tome o controle, deixe que os outros falem o que quiserem, até porque, independentemente do que você faça, as pessoas terão opiniões a seu respeito.

Eu gosto de exemplificar isso com uma fábula.

Um homem ia com o filho levar um burro para vender no mercado.

— O que você tem na cabeça para levar um burro estrada afora sem nada no lombo enquanto você se cansa? — disse um homem que passou por eles.

Ouvindo aquilo, o homem montou o filho no burro, e os três continuaram seu caminho.

— Ô rapazinho preguiçoso, que vergonha deixar o seu pobre pai, um velho, andar a pé enquanto vai montado! — disse outro homem com quem cruzaram.

O homem tirou o filho de cima do burro e montou ele mesmo. Passaram duas mulheres e uma disse para a outra:

— Olhe só que sujeito egoísta! Vai no burro e o filhinho a pé, coitado...

Ouvindo aquilo, o homem fez o menino montar no burro na frente dele. O primeiro viajante que apareceu na estrada perguntou ao homem:

— Esse burro é seu?

O homem disse que sim. O outro continuou:

— Pois não parece, pelo jeito como o senhor trata o bicho. Ora, o senhor é que devia carregar o burro em lugar de fazer com que ele carregasse duas pessoas.

Na mesma hora, o homem amarrou as pernas do burro num pau, e lá se foram pai e filho aos tropeções, carre-

gando o animal para o mercado. Quando chegaram, todo mundo riu tanto que o homem, enfurecido, jogou o burro no rio, pegou o filho pelo braço e voltou para casa.[26]

Moral história: não importa se você está fazendo certo ou errado. As pessoas sempre terão uma opinião sobre você. Então, chega de se importar com isso.

"Tenho vergonha, por isso não falo"

Você se considera uma pessoa tímida? Caso sinta que sim, quero que imagine a seguinte situação: você está passando por um momento financeiro difícil e eu lhe ofereço R$ 20 mil para falar durante 10 minutos em um palco diante de 2 mil pessoas. Você aceitaria? Aposto que sim.

Com isso, quero mostrar que se a vergonha não o impede de falar para essa plateia, também não deve ser uma desculpa para você não falar inglês. Você pode ser tímido e falar inglês. A vergonha não pode ser um impeditivo para falar, senão todas as pessoas tímidas seriam mudas. Isso é um fato. Então, chegou a hora de mudar essa crença.

"Eu tenho TDAH, e isso não me deixa aprender"

O transtorno do déficit de atenção com hiperatividade (TDAH) é caracterizado, entre outros sintomas, pelo pensamento acelerado, mas isso não significa que pessoas com essa condição não sejam funcionais nem possam aprender.[27] Esse cérebro, com mais atividade, tem mais eletricidade, por isso gera alunos que precisam entender

---

[26] O HOMEM, seu filho e o burro. Fábulas de Esopo. **Univates**, 2014. Disponível em: https://www.univates.br/roau/download/147/fabula/objetofabula1.htm. Acesso em: 14 dez. 2023.

[27] SÍNDROME do Pensamento Acelerado e TDAH – Diagnóstico Diferencial. **Neuro Blog**, 17 set. 2020. Disponível em: https://oquefazumneurologista.com.br/sindrome-do-pensamento-acelerado. Acesso em: 13 dez. 2023.

quais ferramentas podem utilizar para auxiliar a própria aprendizagem ao conseguir focar e relaxar.

Tenho inúmeros alunos com TDAH que são fluentes em inglês. Algumas das técnicas que eles utilizam são meditação, mindfulness e pomodoro. O objetivo é acalmar a mente para que os resultados de fato apareçam. Então, caso você tenha essa condição, não se desespere. Você pode, sim, aprender, e existe um caminho viável para isso.

Com essa última crença, fechamos algumas das travas mais comuns que escuto dos meus alunos de inglês. Então saiba que eu sei do seu potencial, eu sei do que você é capaz e que nada do que tratamos aqui o limita.

Michelangelo, ao ser questionado por Leonardo Da Vinci sobre como conseguiu esculpir com perfeição o monumento de Davi com 5,17 metros, respondeu sem pestanejar: "Eu apenas tirei da pedra de mármore tudo o que não era o Davi!".[28] Um dos maiores artistas da humanidade disse que não via pedras, e sim as estátuas prontas. Ele precisava apenas colocar o cinzel no lugar certo e fazer o trabalho.

É assim que vejo você! Sei do seu potencial. Sei do que você é capaz. Mas, para destravar o inglês na sua vida, o primeiro passo é mudar o que você acredita sobre si.

---

[28] SOUZA, C. Esculpindo talentos: o que aprendemos com Michelangelo sobre liderança. **IstoÉ Dinheiro**, 4 nov. 2019. Disponível em: https://istoedinheiro.com.br/esculpindo-talentos-o-que-aprendemos-com-michelangelo-sobre-lideranca. Acesso em: 15 dez. 2023.

✓ EXERCÍCIO: AS MINHAS CRENÇAS

Quero fazer um convite. Um convite de reflexão. Vá para um lugar silencioso e tranquilo, sem televisão, sem celular, sem notificações, sem pessoas por perto. Tire um momento para si.

Chegou a hora de você olhar para todas as crenças de que falamos e entender quais delas estão dentro da sua mente, impedindo-o de avançar. Então, respire, leia cada uma das frases a seguir com calma e pense se isso está ecoando no seu cérebro em algum momento da sua jornada. Analise se faz sentido para você ou não.

Depois de finalizar, quero que volte a essas crenças e as releia. Ressignifique-as. Escreva os seus insights e as suas decisões no espaço a seguir e siga em frente. Elas não vão mais travar você.

- ☐ Estou muito velho para aprender inglês.
- ☐ Todo mundo consegue, menos eu.
- ☐ Eu nunca vou ser fluente em inglês.
- ☐ Eu posso até aprender, mas para ser fluente vou ter que morar fora.
- ☐ Para falar inglês, eu preciso pensar em inglês.
- ☐ Eu traduzo na minha mente, por isso nunca vou aprender.
- ☐ Eu sou burro.
- ☐ Eu sempre desisto no meio do caminho.
- ☐ Eu não gosto de inglês.
- ☐ Eu não posso errar.
- ☐ Se eu errar, as pessoas vão achar que não tenho capacidade.
- ☐ Tenho vergonha, por isso não falo.
- ☐ Eu tenho TDAH e isso não me deixa aprender.

Meus insights:

Quais decisões eu tomo com base nesse novo conhecimento?

CHAPTER FIVE
O QUE É FLUÊNCIA PARA VOCÊ?

Você sabe o que é barafunda? E acrimônia? Chistoso? Empedernido, fósmeo, jaez e opróbrio? Essas são apenas algumas das palavras que estão presentes no dicionário de português. Você sabe o significado de alguma delas? Imagino que não.

E se eu virasse para você agora e dissesse: "Você não é fluente em português porque não sabe o significado e o uso de cada uma daquelas palavras em contexto". Você concordaria comigo? Certamente não, porque você fala português, consegue conversar com as pessoas, está aqui lendo este livro. Isso sim é ser fluente, e não, saber palavras difíceis ou uma quantidade gigantesca de vocabulário que não será utilizado. Vamos deixar isso para os memorizadores oficiais do país, não é mesmo?[29] Ser fluente é outra história.

Em 2022, um dos meus alunos foi viajar para os Estados Unidos e levou a família inteira para conhecer a Disney. Chegando lá, a filha caçula dele pediu para brincar na montanha-russa dos sete anões, e meu aluno ficou em um impasse, pensando: *Como perguntar para um dos colaboradores do Magic Kingdom onde fica essa montanha-russa?* Com uma mentalidade muito positiva, ele chamou um dos facilitadores do parque e disse: *I want to ride… seven… little people* (Quero andar… sete… pequenas pessoas). E o funcionário entendeu. Ele apontou a direção, e o meu aluno foi com a filha para o *ride-seven-little-people*. Dentro do contexto em que estava, o meu

---

[29] CARLUCCI, M.; PORTO, D. Jovem que ganhou Guinness por memorização usava técnica para estudar matemática. **CNN Brasil**, 21 ago. 2022. Disponível em: https://www.cnnbrasil.com.br/nacional/jovem-que-ganhou-guinness-por-memorizacao-usava-tecnica-para-estudar-matematica. Acesso em: 19 dez. 2023.

aluno conseguiu atingir o objetivo, mesmo sem saber exatamente quais eram as palavras corretas para aquele pedido.

Perceba: a boa comunicação acontece quando as pessoas entendem você sem quebras. Isso é fluência.

Já ouvi muita gente falando que vai viajar sem falar inglês e que prefere seguir assim. Não há problema nenhum em fazer isso. Você até pode viajar sem falar inglês, mas será o mesmo que ir ao cinema e assistir a um filme sem som: até é possível entender a história, porque muitos dos fatores de entendimento são visuais, mas a experiência não é a mesma. Se você falar inglês, a viagem será superior e diferenciada.

Tendo estudado ou não inglês formal, estimo que você saiba aproximadamente duzentas palavras nesse idioma por causa do anglicismo presente na nossa língua. Quer alguns exemplos? Shopping center, mouse, motoboy, outdoor, shampoo, home theater, performance, pub, site, ranking, delete, internet... Talvez existam palavras que você nem imagina que são de origem inglesa, como pôquer, futebol e piquenique. Instintivamente, está aprendendo e falando inglês com muita frequência. Não tem como fugir!

Precisamos, portanto, desmistificar o que é fluência. Por curiosidade e para complementar o que gostaria de apresentar a você, perguntei ao ChatGPT o que é fluência, e concordo plenamente com a resposta. Veja o que ele apresentou:

Fluência refere-se à habilidade de usar uma língua de forma eficaz e fluida. Isso implica que uma pessoa fluente pode se expressar, compreender e interagir em uma língua de maneira natural, sem hesitação significativa. A fluência vai além de simplesmente conhecer vocabulário e gramática;

inclui a capacidade de articular pensamentos de forma coerente e de se comunicar de maneira eficiente em diferentes contextos.

A determinação de quando um aluno pode ser considerado fluente pode variar dependendo dos critérios utilizados. No entanto, alguns indicadores comuns para determinar a fluência incluem:

1. **Compreensão**: O aluno é capaz de entender e interpretar uma ampla gama de textos orais e escritos.
2. **Expressão Oral**: O aluno pode se expressar de maneira clara e articulada, sem hesitações constantes ou dificuldades em formular frases complexas.
3. **Leitura**: O aluno é capaz de ler textos de diferentes níveis de complexidade com compreensão total ou quase total.
4. **Escrita**: O aluno pode produzir textos escritos de forma clara e coerente, utilizando vocabulário apropriado e estrutura gramatical correta.
5. **Interação**: O aluno é capaz de interagir de maneira eficaz em situações cotidianas, seja em informais ou em contextos mais formais.

É importante notar que a fluência pode ser medida em um espectro e que diferentes pessoas podem ter padrões diferentes ao avaliar a fluência em uma língua. Além disso, a fluência pode variar em diferentes áreas, como a fluência oral, a fluência escrita etc. Em muitos casos, a fluência é considerada uma habilidade em desenvolvimento contínuo, e mesmo falantes nativos de uma língua podem continuar aprimorando sua fluência ao longo da vida.

Já o dicionário Michaelis indica o seguinte:

> **Fluência | flu·ên·ci·a | sf.**
> 1 Qualidade ou natureza daquilo que flui; fluidez.
> 2 FIG Característica daquilo que é espontâneo, natural; espontaneidade, fluidez: Ela fala inglês com muita fluência.
> 3 FÍS Propriedade que certos corpos apresentam de sofrer deformação quando submetidos a tensão constante durante longo intervalo de tempo.[30]

Embora muitas pessoas pensem que fluência seja saber 5 mil palavras sobre contextos específicos, fluência nada mais é do que fluir, não parar, falar com naturalidade. Ainda assim, em um inconsciente coletivo – e na fala das pessoas –, percebo que muita gente acredita que só será fluente quando <u>tal coisa</u> acontecer. Por exemplo: "Só serei fluente quando conseguir assistir a um filme em inglês sem legenda". Sobre isso, tenho um exemplo maravilhoso.

O cineasta estadunidense Steven Spielberg – um dos diretores de que mais gosto – dirigiu o filme *Lincoln*,[31] que foi baseado no livro *Team of Rivals: The Genius of Abraham Lincoln*,[32] um clássico que apresenta a genialidade dessa personalidade tão importante no contexto estadunidense. Como é um filme que fala muito do cenário político, e eu não sou especialista nesse assunto – nem mesmo em português! –, precisei assistir três vezes para entender todo o contexto de Guerra Fria, questões políticas envolvidas, o que ele defendia e por qual motivo era considerado genial. Três vezes. Não consegui entender de primeira! Sabe por quê? Número um: o vo-

---

[30] FLUÊNCIA. Michaelis. Editora Melhoramentos, c2024. Disponível em: https://michaelis.uol.com.br/moderno-portugues/busca/portugues-brasileiro/flu%-C3%AAncia. Acesso em: 19 dez. 2023.

[31] LINCOLN. Direção: Steven Spielberg. EUA: Touchstone Pictures, 2012. 150 min.

[32] GOODWIN, D. K. **Team of rivals**: the genius of Abraham Lincoln. Nova York: Simon & Schuster, 2006.

cabulário é extremamente denso, e mesmo com legendas em português é um assunto que eu não domino. Número dois: como não conheço o cenário político estadunidense, não estou habituada às expressões e *slangs* (gírias) desse universo.

Será, então, que a fluência só acontece quando você consegue assistir a um filme em inglês sem legenda? Garanto que não. Mesmo sendo fluente, ao assistir *How to Get Away With Murder*,[33] você não entenderá tudo se não souber um pouco de direito penal estadunidense. Mesmo sendo fluente, ao assistir *Grey's Anatomy*,[34] você não entenderá tudo se não souber um pouco de medicina e fisiologia humana.

A lógica é mais ou menos a mesma se eu decidir começar a nadar hoje e na próxima semana exigir de mim mesma ser campeã olímpica de natação com medalha de ouro. Acontecerá? A probabilidade maior é que não. E isso me impede de nadar razoavelmente bem? Não. O fato de eu não nadar como o medalhista César Cielo não faz de mim uma "não nadadora".

Então chega de achar que, se não souber contextos nos mínimos detalhes, você não é fluente em inglês. Esse nível de exigência que você está colocando em si é absurdo e desproporcional. Fluir acontece em níveis diferentes e está relacionado ao ato de conseguir entregar um conteúdo da sua mente e fazer o próximo o entender. É entregar algo como *ride-seven-little-people* e ser entendido.

Aqui mesmo, no Brasil, existem tantos sotaques e regionalismos que é impossível entender tudo. Por exemplo, algumas expressões que eu não conhecia até pouco tempo são: "Cair os butiá do bolso", que significa surpresa ou incredulidade diante de um

---

[33] HOW to get away with murder. Criação de Peter Nowalk. EUA: ABC, 2014-2019. son., color. Série exibida pela Netflix. Acesso em: 3 maio 2024.

[34] GREY'S anatomy. Criação de Shonda Rhimes. EUA: ABC, 2005-. son., color. Série exibida pela Star+. Acesso em: 3 maio 2024.

fato inusitado ou impressionante; "Pegar o beco", que significa ir embora; e "Rebolar no mato", que é descartar um objeto por um motivo qualquer. Se você não sabe tudo em português, por que se cobrar tanto com outro idioma? Não faz sentido.

Aposto que você mora em uma região na qual existem palavras que não são tão conhecidas em outras cidades ou estados. Aqui em casa, temos expressões e jeitos de falar que, quando colocamos em contextos diferentes, ninguém entende. Isso acontece porque o vernáculo familiar é único, assim como o vernáculo regional. Se não nos cobramos para saber o sotaque e as expressões de cada região do país, não devemos carregar essa cobrança para outro idioma. Chega de preconizar que a gramática é soberana. A língua é fluida, e a fluência flui com ela.

Olhe para cima

Imagine duas pessoas conversando. Uma é *speaker* (falante) de inglês, uma nativa que mora nos Estados Unidos, e a outra é uma aluna em processo de aprendizado. Elas falam sobre assuntos diversos, e a aluna está *struggling with her vocabulary* (tendo dificuldades com o vocabulário). De repente, ela esquece uma palavra. O que acontece? De modo automático, ela olha para baixo e tenta buscar a palavra fisiologicamente no campo cinestésico dela.

Quando isso acontece, você se desliga da conversa. O interlocutor não entende esse movimento, afinal ele fala inglês e acha que você, metaforicamente, *has left the group* (saiu do grupo). Esse movimento de olhar para baixo e buscar um vocabulário interno é inútil, uma vez que as palavras não estão ali, porém é uma reação natural – e eu quero ajudar você a abandonar esse costume de uma vez por todas.

O médico e neurocientista estadunidense Paul D. MacLean desenvolveu, em 1970, a Teoria do Cérebro Trino, que foi apresentada em 1990 no livro *The Triune Brain in Evolution: Role in Paleocerebral*

Functions[35]. Na obra, ele apresenta a hipótese de termos desenvolvido, ao longo do tempo, três unidades funcionais distintas no cérebro. Em um primeiro momento, tínhamos apenas o cérebro reptiliano, cujo objetivo era promover reflexos simples e deixar o instinto de sobrevivência apurado; depois, com o cérebro límbico, ou cérebro emocional, passamos para o próximo nível funcional, em que aprendemos as emoções; por fim, com o desenvolvimento do neocórtex, ou cérebro racional, conseguimos planejar, programar e processar informações abstratas.[36]

Seguindo essa lógica, a comunicação só aconteceu quando ganhamos a maior parte do cérebro, o neocórtex.[37] Então a linguagem escrita, oral e falada, organizada do jeito que a conhecemos, só aconteceu algum tempo depois, com o maior desenvolvimento do cérebro.

Desse modo, olhar para baixo e procurar essa informação internamente é buscar um registro no estado de sobrevivência, no cérebro primitivo, pois ativa um diálogo interno no corpo que diz: "Estou em perigo, vamos morrer". O corpo precisa se proteger da ameaça, e o cérebro entende que o que está acontecendo coloca a nossa existência em risco. Justamente por correr esse risco, as palavras deixam de ser importantes – elas são secundárias. O mais importante é conseguir fugir dessa situação e perpetuar a vida. Quando estamos em "modo de sobrevivência", estamos adrenalizados, e essa adrenalina serve para fugir ou lutar, e não para pensar e articular sons.

---

[35] MACLEAN, P. D. The triune brain in evolution: role in paleocerebral functions. Nova York: Springer, 1990.

[36] REZ, R. O cérebro trino: reptiliano, límbico e neocórtex. NMKT, **Nova Escola de Marketing**, 25 jan. 20187. Disponível em: https://novaescolademarketing.com.br/o-cerebro-trino-reptiliano-limbico-e-neocortex. Acesso em: 19 dez. 2023.

[37] PISTOIA, J. C. What part of the brain controls speech? **PsychCentral**, 22 fev. 2023. Disponível em: https://psychcentral.com/health/what-part-of-the-brain-controls-speech. Acesso em: 19 fev. 2024.
ANATOMY of the brain. **American Association of Neurological Surgeons**, c2024. Disponível em: https://www.aans.org/en/Patients/Neurosurgical-Conditions-and-Treatments/Anatomy-of-the-Brain. Acesso em: 19 fev. 2024.

Para continuar fluindo, portanto, você precisa dizer ao seu cérebro que não está correndo risco de vida. Está tudo bem, você só se esqueceu de uma palavra. Talvez a pessoa nativa esteja avaliando você, mas isso faz parte do processo e não está sob seu controle. Então não adianta apenas tentar "verbalizar" isso para o seu cérebro, você precisa demonstrar para ele que está tudo bem. Como? Respirando de maneira calma, mantendo a postura de confiança, com ombros abertos, pouca tensão e mais relaxamento. Mantenha os olhos voltados para a frente – ou para cima! –, pois é lá que você encontrará as soluções para que a fluência continue ao seu lado.

Para ser fluente, considerando que não sabe falar uma palavra específica, você pode explicar. Por exemplo, se você não sabe como falar palito de churrasco em inglês, pode falar: *It's an object, it's thin and long and I use it for barbecue. It's made of wood* (É um objetivo fino e longo, e eu o uso para churrasco. É feito de madeira). Pronto! *Barbecue stick* (palito de churrasco). O que fizemos aqui? Pegamos um conceito e passamos para a mente do outro a partir da visualização do que estava na nossa cabeça. Fazemos isso o tempo todo em português, como em "coisar as coisas que estão coisadas". A grande diferença é que você não pode simplesmente paralisar por não saber algo tão específico em inglês.

A falta de vocabulário muitas vezes cria um processo interno que reforça as crenças mais limitantes – aquelas que vimos no capítulo anterior, as quais tentamos o tempo inteiro reforçar. Então pare de fazer isso com você. Fluência é usar a língua de modo eficaz e fluido, não é falar perfeitamente nem saber tudo e todas as palavras. É o famoso "conseguir se virar"; vai além de apenas saber um vocabulário ou uma estrutura gramatical, porque inclui a capacidade de articular pensamentos de maneira coerente.

Ser fluente não é sinônimo de ser inteligente. Guarde bem isso! A fluência é se conectar com o outro e conseguir estabelecer uma

ERRAR FAZ PARTE DA NATUREZA HUMANA E É TÃO IMPORTANTE QUANTO ACERTAR.

@TIADOINGLES

boa comunicação, que seja agradável, direcionada e entendida. E isso envolve autoconfiança.

Marcamos um almoço, e eu não fui

Em 1983, o cantor Ritchie compôs um "hino" que resiste até hoje: "Menina veneno". Em 2013, uma polêmica envolvendo o hit parou a internet: cor de carne ou cor de carmim? No Twitter, muitos fãs foram perguntar para Ritchie, ao que ele respondeu: cor de carne.[38] Então se você, como eu, ficou na dúvida sobre qual era a letra correta, agora você pode cantar tranquilamente "cor de carne" por aí e não fará errado.[39]

Transportando esse contexto para o aluno de inglês, se ele está em uma conversa e "erra" uma palavra ou uma expressão, o fim do mundo se instala. Já sabemos que, para aprender, é preciso errar em alguns momentos, mas, para o *student* (aluno), essa confusão é insuportável e abala a autoconfiança.

Você sabe o que tira a autoconfiança de um adulto? Não é falta de vocabulário. A confiança vai embora quando você faz promessas para si e não as cumpre. Ué, como assim? É isso mesmo.

Imagine que eu e você vamos almoçar. Marcamos um dia, uma hora e um local. Chega o momento, você vai até lá, e eu não apareço. É provável que você ache estranho, fique um pouco chateado, mas vai acabar lembrando que imprevistos acontecem. Nós vamos nos falar depois, eu vou pedir desculpas e você vai entender. Algum tempo depois, marcamos mais uma vez. Eu furo novamente. Qual é a chance de você me convidar de novo? Nenhuma. Isso acontece porque o cérebro é maravilhoso em transformar comportamentos

---

[38] LOPES, G. Letra da música Menina Veneno diz "abajur cor de carmim"? **E-farsas**, 9 dez. 2023. Disponível em: https://www.e-farsas.com/letra-da-musica-menina-veneno-diz-abajur-cor-de-carmim.html. Acesso em: 19 dez. 2023.

[39] RITCHIE; VILHENA, B. Menina veneno. *In*: RITCHIE. Vôo de coração. Rio de Janeiro: Epic, 1983. Faixa 1. Disponível em: https://ritchie.com.br/discos/voo_de_coracao/menina_veneno. Acesso em: 19 dez. 2023.

em regras e, quando eu deixo de cumprir algum combinado, automaticamente o seu cérebro falará: "A Marcela não é confiável, então não vamos mais convidá-la". Assim é o processo de autoconfiança.

Se você faz combinados consigo e os quebra, não está apenas deixando de realizar algo, está mostrando inconscientemente para o seu cérebro que ele não pode confiar em você, por isso a sua autoconfiança vai escorrendo pelo ralo. Porém, isso não se aplica apenas ao inglês, é comportamental. Os ciclos se repetem, e o seu cérebro percebe que você não é uma pessoa executora.

Perceba, então, que disciplina não é só executar, é fazer o que precisa ser feito e cumprir as promessas que você faz para si. E você deve levar isso para o inglês, pois influenciará a maneira como se sente em relação à fluência.

Quer manter alto o seu nível de autoconfiança? Prometa tarefas que você cumprirá. Marque um compromisso consigo de estudar por cinco dias sem furar. É pouco, é possível realizar. Depois, aumente para dez dias. Com isso, você estará criando uma corrente no seu sistema de recompensa, e o seu cérebro perceberá que pode confiar em você, porque, quando as promessas são cumpridas, você libera um "shot" de dopamina no seu sistema e se sente mais realizado.

Desse modo, para fechar o capítulo, quero que você faça um exercício. Faça uma promessa de curto prazo para que a sua autoconfiança melhore. Depois que a cumprir, aumente um pouco o prazo e siga a mesma lógica até conseguir incluir o inglês como tarefa diária. Além disso, estabeleça pequenas recompensas para si ao cumprir os combinados, por exemplo: "Vou comer um bombom sempre que conseguir atingir a minha meta".

Siga assim até que essas tarefas se transformem em hábitos! Em pouco tempo, verá que o seu corpo entrará em um processo de busca pela recompensa, e você estará com muito mais disposição para falar e buscar a tão sonhada fluência.

CHAPTER SIX
CONHEÇA OS SEUS SABOTADORES

No Capítulo 2, expliquei em linhas gerais o que são sabotadores e deixei um teste para que você pudesse identificar quais são os que estão em maior desequilíbrio na sua vida. Agora, quero começar pedindo que você volte às páginas 65 e 66 e retome as respostas do exercício. Quais sabotadores você identificou? Quais estão em desarmonia na sua vida? Guarde essa informação.

Para compreender melhor o assunto e a ação que eles têm na sua jornada, o primeiro passo é internalizar que eles não são inimigos. Na realidade, nascem dentro do inconsciente por meio de comportamentos e pensamentos repetitivos justamente para que possamos ter necessidades emocionais atendidas. Quer um exemplo?

Imagine uma criança bem pequena que passa pela separação brusca dos pais. A mãe, sofrendo muito, mesmo que não queira, acaba demonstrando esse sofrimento. A criança acaba absorvendo esse sentimento e deixa as próprias necessidades de lado, pois sabe o quanto aquele momento está sendo difícil para a mãe.

Como já comentei, as crianças são como esponjinhas que vão absorvendo ações e comportamentos ao longo da vida. Então, depois desse trauma, ela deixa de lado as próprias necessidades, e nela, provavelmente, o sabotador servil ficará mais alto. Ela passará a vida priorizando necessidades de outras pessoas em detrimento das próprias, e isso a fará se deixar sempre em último lugar.

Você conhece alguém assim? Consegue conectar essa história com outras pessoas? Em uma análise muito resumida, foi isso que aconteceu comigo. Por esse motivo, tenho o sabotador servil desequilibrado e preciso acompanhá-lo de perto. Sempre senti uma necessidade exacerbada de salvar e servir, mesmo que isso custasse o meu tempo, a minha saúde ou o meu bem-estar.

Ao termos necessidades emocionais não atendidas, como atenção, amor e acolhimento, vamos desenvolvendo o desequilíbrio dessas figuras que funcionam, em um primeiro momento, para nos proteger e nos fazer bem. É como se os sabotadores fossem crianças de até 7 anos que estão repetindo os comportamentos da nossa infância para nos blindar do sofrimento.

Além disso, vale mencionar que todos nós temos sabotadores, em maior ou menor grau, influenciando a nossa vida. Em um estado de desequilíbrio, é como se você estivesse deixando o seu inconsciente tomar as decisões por você, ou seja, permitindo que a criança tome as rédeas e decida a sua vida no seu lugar. Faz sentido? Com certeza não. Mesmo que a intenção do sabotador seja positiva – proteção! –, ele não pode estar no comando.

Foi justamente por isso que separei este capítulo inteiro para nos aprofundarmos no assunto, para que você possa dar um basta de uma vez por todas na voz que está gritando na sua mente. Como? A partir da consciência, do autocuidado e de algumas estratégias que apresentarei a seguir. Para estar no controle dos seus sabotadores, você precisa de decisões conscientes. Como a velha frase diz: "Ou você controla as suas emoções ou você será controlado por elas".

VÍTIMA

O maior objetivo do sabotador vítima é buscar atenção. O nascimento dele acontece porque, quando somos crianças, procuramos

FALAR UM IDIOMA É COMO FAZER MALABARISMO COM AS PALAVRAS.

@TIADOINGLES

a atenção de pais ou primeiros cuidadores para que nos sintamos amados e queridos. Como fazemos isso? Em geral, com o choro. Bebês, mesmo quando estão alimentados, limpos e sem dores, choram porque buscam atenção, precisam ser vistos e amados. Essa é uma necessidade biológica para o melhor desenvolvimento de um ser humano. Existem, inclusive, inúmeros estudos que comprovam que bebês que não recebem atenção positiva crescem menos e não desenvolvem habilidades cognitivas importantes.[40]

Na idade adulta, essa busca por atenção passa a ser a atenção de quem olha para si. Como assim? Você precisa prestar atenção às próprias necessidades emocionais. Se você é a pessoa mais importante da sua vida, por que não se dar a atenção de que tanto precisa? Essa é a grande chave. Aposto que você está sempre de olhos abertos para o que é externo, sendo muito raro separar tempo para olhar para si na sua vida.

Poucas pessoas meditam, passam tempo consigo mesmas de maneira deliberada, olham para si mesmas, buscam o autoconhecimento, entendem as próprias necessidades e tomam atitudes de autocuidado. A primeira vez que eu me deparei com essa questão foi difícil. Fiz um treinamento de programação neurolinguística (PNL) no qual o meu mestre, Júlio Pereira, perguntou: "Marcela, quando foi a última vez que você parou um fim de semana inteiro para cuidar de você?". Eu nunca tinha feito isso. Eu nem tinha consciência do quanto cuidar das minhas necessidades era importante.

---

[40] WINSTON, R.; CHICOT, R. The importance of early bonding on the long--term mental health and resilience of children. **London Journal of Primary Care**, n. 8, v. 1, p. 12-4, 2016. Disponível em: https://www.ncbi.nlm.nih.gov/pmc/articles/PMC5330336. Acesso em: 19 fev. 2024.
RACHES, C. Child development: the importance of positive attention. **Indiana University**, School of Medicine, 25 fev. 2021. Disponível em: https://medicine.iu.edu/blogs/pediatrics/child-development---the-importance-of-positive-attention. Acesso em: 19 fev. 2024.

Quando o sabotador vítima fica desregulado, você começa a se comportar de maneira que consiga chamar a atenção das outras pessoas. Se eu digo que estou com dor de cabeça, você dirá que está com uma mais forte. Se eu digo que estou passando por problemas financeiros, a sua resposta será que os seus são piores. E assim seguimos. "Coitadinho" é a reação que o sabotador vítima deseja, porque ele ganha a atenção das pessoas em formato de energia.

Para lidar com o sabotador vítima, o primeiro passo é identificar esse tipo de comportamento. Ele é pernicioso porque se esconde, afinal ninguém quer assumir que está no papel de vítima, e não no de protagonista. *Imagine! Eu? Me vitimizando? Jamais*. O grande problema está no fato de que, ao se colocar nesse papel, você para de agir e para de ser dono das próprias decisões.

Com o aluno de inglês não é diferente. O sabotador vítima diz para ele: "Todos conseguem, menos você". É como ser refém da própria vida, porém todos temos capacidade de sair desse lugar, e garanto que não é diferente com você. Isso é tão real que você aprendeu um idioma por completo, o português, sem nenhuma técnica ou habilidade especial. Você sabe aprender, sabe fazer isso. Ninguém se esqueceu de você, então não se coloque no papel de vítima. Você nasceu para vencer, por isso não tente se convencer do contrário.

Para aprender inglês, é preciso de dedicação e tempo. Estudei por oito anos, viajei, quebrei a cara, estudei mais e mais. Não foi fácil para mim e não é fácil para ninguém. Se você dedicar muito tempo e esforço, também ficará fluente. É praticamente uma fórmula matemática.

Aprender inglês não é fácil. Fácil é comer pudim. Delicioso, confortável, uma sobremesa que abraça o coração. O resto, contudo, não é fácil. Aprender sempre gera caos na mente e traz desafios. *But you're supposed to feel like that* (Mas você deveria estar se sentindo assim).

Sentir medo e frustração ao errar é normal. Se você tiver dificuldades, saiba que é normal. O desconforto faz parte do crescimento, porém não hesite em pedir ajuda. Muitas pessoas que estão com o sabotador vítima desequilibrado acabam reforçando frases como: "Não vou pedir ajuda porque não adianta falar, só eu sei o que eu passo e como é para mim. Ninguém vai entender o que estou sentindo. É só comigo que isso acontece".

Pare e pense: existem aproximadamente 8 bilhões de seres humanos no mundo. Será que só você está com dificuldades para aprender inglês? Com certeza não. Em vez de ser a única vítima que passa por isso, seja o protagonista que corre atrás do sucesso. Se estiver em dúvida sobre a sua capacidade, faça o seguinte exercício: pegue papel e caneta e anote pelo menos vinte itens que você aprendeu ao longo da vida. Escreva, porque é importante materializar o que está apenas nos seus pensamentos. Você já aprendeu a engatinhar? Andar? Falar? Escrever? Ler? Sente-se e reflita sobre cada etapa da sua vida. A lista é gigantesca, e você precisa relembrar as suas capacidades.

PERFECCIONISTA

O sabotador perfeccionista nasce do amor dos pais ou dos primeiros cuidadores com a necessidade de ter um filho perfeito e que atenda a todas as expectativas colocadas nele. Isso acontece porque, quando a criança se comporta assim, ela é "boazinha", é amada, cuidada e atendida. Além disso, pais e cuidadores costumam reforçar esse comportamento com falas e atitudes que mostram que a criança só será aceita se tiver um comportamento "perfeito", não pela verdadeira identidade dela. A lógica é mais ou menos esta: se você for um bom filho, amarei você incondicionalmente; se não for, não lhe darei o que você necessita.

É um sabotador que age na autenticidade, pois você sempre acha que precisa fazer algo para os outros para que seja amado. Mais profunda do que apenas falar inglês perfeitamente, a questão aqui é que esse perfil precisa ser perfeito para ser aceito. É uma necessidade obsessiva de aceitação e pertencimento que se baseia nos comportamentos que apresenta.

A necessidade de pertencimento está no nosso DNA. Somos seres gregários, que vivem em grupos para nos sentirmos bem. A disfuncionalidade acontece quando a sensação de frustração é muito alta por nunca atender completamente às expectativas – de si e dos outros. Você traça metas para a própria vida e, ao cumpri-las, não as comemora. Nunca acha que o que faz está bom o suficiente. O perfeito já não é mais suficiente, nunca será.

Por exemplo: você começa a correr e estabelece uma meta inicial de 5 quilômetros. Quando chega ao objetivo, chuta o alvo para cima e precisa bater 10 quilômetros. Ao conseguir, também não comemora e chuta mais uma vez para algo maior. Na sua barra de objetivos, está o tempo inteiro criando novas metas, sem nunca comemorar as conquistas do processo. Por esse motivo, o sabotador acaba ficando muito inflexível na busca pela perfeição. Tudo tem que ser do jeito dele.

Precisamos entender, contudo, que os seres humanos são imperfeitos por natureza. Buscar a perfeição é inatingível e inalcançável. *I can perfect myself, but I can not be perfect* (Eu posso buscar o aperfeiçoamento, mas não posso ser perfeito). Errar faz parte da natureza humana e é tão importante quanto acertar.

Então, chega de colocar esse peso nas suas costas. Ele é desnecessário. Pare de se corrigir nas suas falas de inglês e de se desculpar quando erra. Faça as pazes consigo, aceitando que, durante o processo de aprendizagem, você vai errar mais do que acertar. Isso é normal, até porque o erro é a semente de oportunidade para o novo aprendizado, não só para o inglês, mas também para a vida.

Como dica de leitura, cito *A coragem de ser imperfeito*, de Brené Brown. Esse projeto é uma joia para todos que têm o sabotador perfeccionista em desequilíbrio. Nas palavras da própria autora: "Quando errar não é uma opção, não existe aprendizado, criatividade ou inovação".[41]

SERVIL

O sabotador servil, como contei no início do capítulo, surge quando precisamos atender às necessidades dos outros e os colocamos como prioridade. Ele faz isso para ser amado e aceito pelos pais ou cuidadores. Essa criança percebe que, quando tem determinados comportamentos, os pais ficam felizes. E é importante servir? Sim, com toda certeza. Ao atender às necessidades do próximo, está também atendendo às próprias. Não há um mundo em que a servilidade não exista.

O desequilíbrio acontece quando você entra em um ciclo de servir, servir e servir. Se for mulher, se vê como a Mulher-Maravilha; se for homem, como o Superman. É o famoso: "Pode deixar comigo, eu faço, eu dou conta, eu vou por último porque aguento". Mas, no fim, está sofrendo e suportando tudo para segurar o mundo nas suas costas e salvar a todos.

Esse tipo de sabotador é expresso com maior frequência na família íntima. Se for uma mulher com dois filhos e um marido, ela colocará todos em primeiro lugar e depois fará algo por si mesma. Porém, se um vizinho querido aparecer e pedir um favor, isso virá antes das próprias necessidades dela.

Se você se identificou com esse papel, priorize-se. Esse é o melhor

---

[41] BROWN, B. **A coragem de ser imperfeito**: como aceitar a própria vulnerabilidade, vencer a vergonha e ousar ser quem você é. Rio de Janeiro: Sextante, 2016.

conselho que posso oferecer neste momento. Cuidar dos filhos é importante, ajudar o próximo é importante, mas cuidar de si também é. Para o inglês, use os momentos de estudo como um tempo de autocuidado. Coloque limites para as pessoas que estão perto de você, avise que você precisará estudar por 25 minutos e cumpra esse tempo sem interrupções. Aposto que as urgências dos outros não são tão urgentes assim, mas as suas são! Quando você piscar, mais um ano vai ter passado, e você não vai ter priorizado os seus sonhos.

E lembre-se: você não vai salvar o mundo. Se o seu filho aprendeu inglês, foi porque você deu a oportunidade para ele em algum momento. Quer falar inglês? Dê essa oportunidade a você. Se não fizer isso, ninguém o fará. Se o seu chefe chama você para ir ao trabalho às 6h00 e você vai, mesmo cansado ou sem vontade, se o seu filho o acorda às 3h00 pedindo que o busque em uma festa, você dá um jeito de ir, então também pode usar essa a mesma energia de realização consigo.

INQUIETO

Quando somos criança, estamos em contato constante com as novidades, sempre aprendendo, desenvolvendo e estimulando o cérebro para o novo. Por repetirmos tanto esse comportamento, o cérebro pode entrar em desequilíbrio e buscar apenas a sensação constante de felicidade, então ele acaba se viciando.

Buscar o novo faz parte do processo natural do ser humano porque gostamos de experiências novas, e isso faz bem para a saúde. O problema acontece quando você não consegue se manter nos planos e fica sempre pulando de uma novidade para outra. O desequilíbrio gera o prejuízo ao não deixar que você *stick to the plan* (mantenha-se no plano inicial). Começa a jogar vôlei e para.

Começa a aprender alemão e desiste. Do inglês, desistiu há muito tempo. E por aí vai. É como se não conseguisse se comprometer consigo e ficasse pulando de galho em galho.

Para lidar com esse sabotador, você precisa trazer a sua mente para o planeta Terra e internalizar que não vive em um estado constante de *flow* (fluxo). A vida é feita de *ups and downs* (altos e baixos), e cabe ao seu corpo encontrar o equilíbrio que existe no meio disso tudo. Entenda que você estará em um processo linear na maior parte do tempo, porém isso não significa que você não possa inserir estímulos de novidade para aprender inglês.

Estudar gramática ficou chato? Assista a um filme. Cansou? Faça exercícios de *listening*. São estratégias maravilhosas para dar um *burst* (explosão) de energia e alimentar essa inquietação. Faça isso e use essas ferramentas. Não deixe que esse pequeno sabotador de 7 anos domine você.

HIPERVIGILANTE

Existe, nesse caso, um estado constante de vigilância, o que é muito importante para o desenvolvimento e a perpetuação da espécie. A vigilância é definida como o estado em que estamos prestando atenção aos perigos e ficamos em alerta para que possamos sobreviver. É o estado de vigilância, por exemplo, que faz você sentir medo de subir na borda de um prédio e fazer uma parada de mão sem usar equipamento de segurança.

O problema da vigilância acontece quando ela entra em um estado de hipervigilância, ou seja, você vê perigo onde não existe, cria cenários que nunca vão acontecer e imagina coisas que não são verdade. Por exemplo: "Tenho uma apresentação em inglês e sei que se eu falar errado o meu chefe vai me mandar embora, as

A VIDA É FEITA DE *UPS AND DOWNS* (ALTOS E BAIXOS), E CABE AO SEU CORPO ENCONTRAR O EQUILÍBRIO QUE EXISTE NO MEIO DISSO TUDO.

@TIADOINGLES

pessoas vão parar de gostar de mim por causa disso e ninguém mais vai me contratar em nenhum lugar, porque eu sou uma farsa". Isso é irreal, mas no cenário do sabotador hipervigilante parece possível e gera uma angústia muito grande.

Para o aluno de inglês, esse sabotador cria um comportamento de controle excessivo, pois faz ele achar que precisa controlar tudo para que nada dê errado. Assim, você estuda muito a gramática, quer saber todos os *phrasal verbs* (verbos frasais) e tem uma lista infinita de vocabulário. Faz tudo isso para que possa sentir segurança, mas infelizmente ela não é real. Quem garante que você não vai esquecer uma ou duas palavras em uma reunião ou uma entrevista de emprego? *It happens all the time* (Isso acontece o tempo todo), até mesmo enquanto falamos português. Não existe segurança completa nem garantia.

Desse modo, quero que você pense em três situações em que sentiu muito medo, mas elas transcorreram normalmente. Você foi lá e fez, mesmo que não tenha saído como o planejado. Pense na sensação de alívio que sentiu depois de realizar o que imaginou. Esse é o sentimento ao qual você deve se apegar. Se era uma entrevista em inglês e você não passou, está tudo bem. Nada impede que você estude mais e passe na próxima. Use o que aconteceu como aprendizado e vá para o próximo jogo. Assim é a vida e assim sempre será.

Lidar com esse sabotador exige fazer. Não acertar, apenas agir.

HIPER-REALIZADOR

Esse sabotador danado quer que você realize coisas. É um comportamento ótimo em um primeiro momento, uma vez que as conquistas partem da realização de objetivos e tarefas tangíveis para que você possa realizar o que quer. Isso destrava a sua jornada e é fundamental. A disfunção acontece quando você quer hiper-realizar, ou seja, o pensamento que está na raiz do problema diz: "Eu só tenho valor quando conquisto algo muito grandioso".

Para esse sabotador, a identidade não vale nada. Ele está sempre de mãos dadas com o perfeccionista, pois são parecidos e vivem atrás das medalhas de ouro. Prata ou bronze não servem. O hiper-realizador não celebra as conquistas, ele mantém a barra de realização sempre muito alta.

O antídoto é tomar consciência e entender que precisa pausar e comemorar as vitórias. E você pode fazer isso do jeito que achar mais conveniente. Coloque cinco minutos de folga no dia depois de ter estudado inglês, coma um bombom ou faça algo que deixa você feliz. Anote as suas metas realizadas. Brinque e perca tempo de propósito, *just for the sake of it* (só porque sim).

Lembre também que objetivos muito distantes acabam gerando desânimo e frustração. Então, para o aluno de inglês, gosto de sempre indicar micrometas que podem ser seguidas ao longo dos estudos. Em vez de colocar como meta fazer uma palestra em inglês, que exige muita preparação e muito tempo de estudo, defina o alvo, como aprender a pedir um café. Depois, recitar um parágrafo de discurso. E assim você segue. Documente esse processo e grave as suas melhorias, porque isso mostrará que não importa ser perfeito, e sim entender que o processo está em andamento e você está realizando o que sempre buscou.

HIPER-RACIONAL

O perfil hiper-racional leva tudo para o campo lógico do cérebro, para evitar o sofrimento. Isso acontece porque ele aprende, desde pequeno, que sentir é igual a sofrer. Percebe que, ao se arriscar emocionalmente, sofre, por isso evita o sentimento.

No inglês, a hiper-racionalidade cria um problema, pois estamos falando de comunicação, algo extremamente humano e que exige conexão. Por evitar o emocional, o hiper-racional deixa de se conectar e ter uma relação interpessoal valiosa. Acha que precisa ter todas as respostas, mas esquece que ninguém tem.

No meu caso, que dou aulas de inglês há mais de trinta anos, ainda existem respostas que não tenho. Se olhar para o universo de matemática, química, biologia e tantas outras áreas, muitas respostas sequer existem. É importante saber que você vai passar a vida toda gerenciando as suas ignorâncias. O universo de coisas que você não sabe sempre será infinitamente maior do que o universo de coisas que você sabe. É necessário ser humilde em relação ao próprio aprendizado, porque sempre haverá algo a ser aprendido.

Se você está aprendendo um novo idioma é porque precisa conversar, negociar, vender, conectar-se profundamente com alguém. Você precisa saber lidar com pessoas, e não existe troca quando olha para o outro e acha que ele é inferior, que você é melhor porque leva para o racional tudo o que o cerca. Assuma que você é humano, reconecte-se com as suas emoções e viva-as plenamente.

Algo que poucos falam, mas é a mais pura verdade: quando silenciamos o sofrimento, a dor, o medo e a frustração, estamos silenciando também a alegria, o amor e a conexão. E é aqui que está o bom da vida. Então por que ignorar a melhor parte de tudo?

CONTROLADOR

O sabotador controle existe para evitar a insegurança e em geral aparece em lares com muitos problemas entre pais ou cuidadores. Costumam ser casas com muitas brigas, muita escassez ou altos e baixos financeiros, o que faz a criança precisar se apegar a algo para evitar a insegurança e as surpresas. Como ela faz isso? Tentando manter o controle de tudo e todos que estão à volta dela, para que não vivencie as mesmas situações do passado.

É claro que todos nós buscamos o controle e a estabilidade em algum nível, porém não temos como controlar tudo. Existe uma frase que cabe perfeitamente aqui: *Man plans, and God laughs* (O homem planeja, e Deus ri). É isso o que acontece. Você acha que o seu caminho será linear, mas ele não é.

Se você está com o sabotador controlador em desequilíbrio, precisa entender que só pode controlar a maneira como se sente em relação ao que acontece na própria vida. As suas emoções são os sentimentos controláveis. Apenas isso. Você pode controlar o que os outros vão pensar sobre você ao falar inglês? Não. Pode controlar o que acontece no mundo? Não. Pessoas vão amar e odiar você apenas por ser quem é. Enquanto você não se empoderar disso e soltar as rédeas do controle, não conseguirá falar inglês.

Se você tem uma apresentação em inglês, está fora do seu controle definir quem o assistirá lá e o que as pessoas acharão da apresentação. Mas está no seu controle se preparar, se dedicar e dar o seu melhor. O que os outros vão pensar é problema deles. Internalize de uma vez por todas que você não controla nada do que é externo, porém controla as suas emoções e a sua preparação. Isso, sim, está nas suas mãos.

PROCRASTINADOR

Esse sabotador é o famoso "*I just wanna have fun*" ("só quero me divertir"). Ele busca dar descanso e diversão em todos os momentos. É a sua criança livre brincando dentro de você. Mas você deixaria que uma criança tomasse todas as decisões todos os dias? Imagino que não. Mesmo assim, por mais que ela não deva estar no controle a todo momento, você pode deixá-la livre em algumas etapas. Se vai viajar, por exemplo, pode deixar o procrastinador falar mais alto e promover muito conforto e diversão. Vá, se divirta, brinque e seja feliz. Está tudo certo!

O desequilíbrio acontece no dia a dia, quando você procrastina o que precisa ser feito achando que os resultados virão de qualquer maneira. Para que possa aprender e ser fluente em inglês amanhã, você precisa estudar hoje. Para que possa ter um bom vocabulário, precisa se dedicar. O seu eu de agora não pode procrastinar, precisa fazer algo para que o seu eu de amanhã possa atingir os objetivos. É preciso se desfazer da ilusão de que o sabotador pode tudo. Por enquanto, ele não pode nada, porque a única coisa que você tem é o agora. Se você não cuidar dele, o amanhã chegará, e os resultados, não.

Para lidar com isso, comece estipulando prazos para as suas metas. Nas minhas turmas de inglês, definimos dois meses como prazo geral para finalizar o nível *basic* (básico). Por quê? É preciso ter um compromisso consigo para que esse procrastinador não tome conta. Você se coloca na sua agenda? Esse é outro passo necessário. Aprender inglês é uma jornada de longo prazo, então a separe em fases, coloque datas e prazos e tome conta de você.

CRÍTICO

Como comentei no Capítulo 2, esse sabotador é o mais fácil de identificar, sendo "o pai de todos". O trabalho dele é minar a sua autoconfiança para que você sempre sinta que não é suficiente. Quando crianças, aprendemos com as críticas e falhas. Você aprendeu a fazer xixi no lugar certo depois de errar, aprendeu a falar depois de errar, e assim por diante. Esse comportamento é natural e nos permite nos desenvolver ao longo do tempo. A crítica, portanto, estimula a mudança de comportamento. O cérebro sabe disso, então a autocrítica nasce desse princípio.

Para o aluno de inglês, a desregulação acontece quando a autocrítica fala muito mais alto do que o aprendizado. Você acha que nunca será o suficiente, que não conseguirá aprender e dar o próximo passo, que a gramática que aprendeu não é o bastante, que o vocabulário está pobre e que o seu *listening* é uma porcaria.

Infelizmente, sobretudo aqui no Brasil, essa sensação de insuficiência é muito forte, até mesmo por questões culturais. Você acorda achando que dormiu pouco, sente que não está magro o suficiente, que não descansou o bastante, que não recebe um salário compatível com as suas conquistas. É como se estivesse devendo para a vida a todo momento.

Assim, se você tem o sabotador crítico muito forte, existem dois movimentos fundamentais: 1) você é muito crítico consigo; 2) é muito crítico com os outros. Você escuta os colegas falando inglês e fica corrigindo a pronúncia deles na sua mente. Porém, se faz isso com o outro, faz consigo. Cuidado! Sei que você deve estar tendo conversas horríveis consigo neste exato momento.

Para melhorar, pare de julgar. Simples assim. O resultado do outro é problema do outro. Ao estar em fase de aprendizado, lembre-se de que é preciso se permitir errar. Veja o risco como seu aliado. Erre e siga em frente.

O sabotador crítico quer que você seja uma pessoa que você não é, então pergunte para ele: "Quem você quer que eu seja?". Deixe que ele responda. Com essa resposta, coloque-o no lugar dele e mostre que você não é nem nunca será essa pessoa, pois você é diferente, vive o seu processo, e isso faz parte do crescimento. Quanto mais se criticar, menos aproveitará as fases do aprendizado. Errou? Guarde para você e faça diferente da próxima vez.

VEJA O RISCO COMO SEU ALIADO. ERRE E SIGA EM FRENTE.

@TIADOINGLES

Um *disclaimer* importante

Agora que passamos por todos os sabotadores, chegou a hora de analisarmos alguns passos práticos que utilizo para lidar com os meus. Deixei pistas do primeiro ao longo do capítulo: separe a identidade do seu sabotador de quem você é. Para isso, dê nome a cada um deles. Um dos meus se chama Afrânio.

Sempre que sinto que eles estão em desequilíbrio, tiro um momento sozinha e falo com eles sobre as coisas que tratamos aqui. Saiba que você precisará fazer esse processo mais de uma vez, porque as situações da vida acabam ativando os nossos caminhos neurológicos. Isso acontece porque problemas funcionam como gatilhos para os seus sabotadores, então é possível que eles falem mais alto em determinados momentos. Não se preocupe! Isso é normal. Basta você voltar aqui e reler tudo o que conversamos até agora.

Se não estiver se identificando com nenhum dos sabotadores, quero que volte duas casas. Muito provavelmente o seu hiper-racional está desregulado, e é ele quem está dando as cartas em sua vida. "Humildade" é uma das palavras mais importantes no processo de aperfeiçoamento pessoal e não poderia ser mais fundamental agora.

Ler, identificar, internalizar e lidar com os sabotadores é um dos passos mais importantes para destravar o inglês. Não pule etapas, nem julgue e se reconecte consigo. Essa estratégia fará toda a diferença.

CHAPTER SEVEN
ENTENDA COMO PRATICAR

Certa vez, uma das minhas alunas comentou que achava que o próprio cérebro a estava traindo. Ela disse: "Às vezes, fico com a sensação de que pisquei e o ano já acabou. Quando olho para o que aconteceu, parece que não me lembro de tudo o que vivi e das experiências pelas quais passei. Sinto isso também enquanto estudo inglês! Paro por um tempo, leio as minhas anotações e acabo esquecendo o que estudei. Não sei por que isso acontece comigo, mas queria mudar esse processo e me lembrar de mais coisas, tanto na minha vida quanto nos meus estudos".

Achei esse comentário curiosíssimo. Como ela, eu também sinto que os meus dias estão passando mais rápido, e essa queixa não é incomum nos meus grupos de amigos. Aquela máxima famosa "não me lembro nem do que almocei ontem" parece nunca ter feito tanto sentido quanto hoje, mas principalmente quando ganhamos um pouco mais de experiência – e de idade. Por que isso acontece com os adultos? E por que acontece muito mais com os adultos do que com as crianças? Por que estamos sentindo cada vez mais que o tempo passa rápido e as experiências acabam ficando esquecidas na memória? Fiz algumas pesquisas e quero compartilhar com você algumas das teorias que encontrei, as quais se relacionam diretamente ao processo de aprendizagem de inglês.

Em um artigo publicado há alguns anos, encontrei uma tese que explica como a percepção de tempo muda com a idade.[42] A lógica é a seguinte: quando somos jovens, estamos em um pro-

---

[42] PINHEIRO, A. Mude e Marque! **Administradores**, 23 jun. 2009. Disponível em: https://administradores.com.br/artigos/mude-e-marque. Acesso em: 15 jan. 2024.

cesso constante de aprendizagem e novidade em que tudo é novo e estamos vivenciando experiências diferentes a todo momento. Engatinhar, andar, produzir sons, falar, escrever, aprender. A cada novo dia, vivemos novas experiências. Por exemplo, para escovar os dentes, precisamos primeiro aprender como fazer para que a experiência seja marcada no cérebro, que é quem constrói uma conexão neural para que essa tarefa seja realizada com mais facilidade nas próximas vezes.

Uma vez aprendida a tarefa, com mais agilidade ela será realizada. Com o passar do tempo, entretanto, o cérebro já aprendeu a tarefa e a coloca em um processo de "automatização". Com isso, não precisamos aprender de novo, apenas sabemos qual é o caminho neural que precisa ser feito, porque a rota neurológica já foi construída. Anos e anos depois de ter aprendido a escovar os dentes, esse processo se transforma em algo natural, que não precisamos fazer conscientemente. Quantas vezes você está de fato prestando atenção em cada movimento da sua escova de dentes? Quantas vezes você usa esse momento para planejar todo o seu dia e, quando olha mais uma vez para o espelho, a espuma está escorrendo para fora da sua boca? O seu corpo está lá, mas a sua mente, não.

Quando observamos como acontece a retenção de memórias, o hipocampo entra em ação. Imagine o hipocampo como um sábio e dedicado bibliotecário no vasto e intrincado labirinto de uma biblioteca antiga, em que cada livro representa uma memória única armazenada na mente humana. Esse bibliotecário, com sabedoria milenar e chaves mágicas, tem a habilidade única de organizar, catalogar e recuperar esses preciosos tomos de recordações. Quando você deseja recuperar uma memória específica, é o bibliotecário que percorre os corredores sinuosos da mente, passando por estantes repletas de livros empoeirados para encontrar o que você procura e trazer para a luz do presente.

Assim como um guardião protege um tesouro, o hipocampo protege o vasto armazém das experiências, emoções e conhecimentos, facilitando o acesso a eles e garantindo que possamos aprender e crescer com cada um. Ele faz uma averiguação do que precisa ser guardado e do que pode ser esquecido, então joga fora as tarefas repetidas pelo simples fato de elas não serem relevantes. Por que guardar um livro repetido? Qual é a utilidade de guardar a memória de uma pessoa escovando os dentes três vezes por dia, todos os dias? Existem outras coisas mais importantes de se manter, para que o seu disco rígido não fique lotado. Então o seu guardião pensa: *Bora "jogar fora" esses livros repetidos!* E assim se vão vinte minutos do seu dia.

Esse é apenas um exemplo, mas pare e pense no tanto de tarefas repetidas que você faz todos os dias. Todos esses "blocos" de memórias são apagados diariamente para que você tenha uma memória de trabalho sempre limpinha e pronta para receber novos conteúdos. Ir ao trabalho pegando exatamente o mesmo caminho, almoçar no mesmo lugar todos os dias, tomar banho fazendo os mesmos gestos e movimentos... No fim das contas, temos duas ou quatro horas sendo apagadas todos os dias do nosso cérebro. Se você trabalhar em casa, esse percentual pode aumentar ainda mais, porque as repetições são maiores.

Ao colocarmos na ponta do lápis a taxa de esquecimento, temos dias e mais dias sendo jogados no lixo, o que resulta em uma sensação constante de que o tempo está passando rápido demais. Quando menos percebemos, janeiro acabou, o Carnaval passou, a Páscoa já foi, as férias escolares também, já é Dia das Crianças, feriados de novembro, Natal está logo ali e o Ano-Novo foi embora. E assim começa mais um ano. Passam-se os anos, e continuamos com a sensação de que o tempo está acelerado.

Vamos imaginar colocar uma viagem no meio desse processo. Quando você viaja, a sensação é de que os dias são infinitos, não é mesmo? Você vive mil experiências novas, encaixa o "mundo" dentro dos dias e coloca tudo o que há de melhor nesse espaço de tempo. Tudo é novo, diferente, gostoso e feliz. O resultado? Você se lembra de detalhes e fica com a sensação de que o tempo passa devagar. Por quê? Aqui o cérebro faz o processo inverso. A intensidade do novo estica a percepção do tempo, porque ele entende que todas essas experiências, por serem novas, merecem um espaço especial nas lembranças, por isso as guarda. Consequentemente, não descartamos muito tempo, então os dias passam devagar.

Outra teoria, proposta pelo professor romeno-americano Adrian Bejan, da Universidade Duke, nos Estados Unidos, explica que "não é que as experiências fossem mais profundas ou mais significativas [quando éramos mais jovens], é só que elas estavam sendo processadas rapidamente". Ele indica que o cérebro gera mais imagens por segundo quando somos mais jovens, o que resulta em um decaimento, aos poucos, quando ficamos mais velhos, causando a sensação de que o tempo está passando mais rápido: "Ou seja: um sinal que antes percorria uma linha reta e estável no cérebro agora dá voltas e mais voltas por uma estrada esburacada e cheia de curvas. Esse fenômeno faz com que a taxa por meio da qual o cérebro adquire e processa novas imagens decaia ao longo da vida. E quanto menos imagens de alguma coisa você registra, mais rápido essa coisa parece se passar".[43]

Entre uma teoria ou outra, o fato é que essa sensação é real e está presente na vida dos adultos, queiramos ou não. Como memória e aprendizagem são amigas íntimas, você precisa entender como a memória funciona, para "burlar" essas regras e ficar mais

---

[43] OLIVEIRA, A. J. Por que o tempo parece passar mais rápido conforme envelhecemos? **SuperInteressante**, 27 mar. 2019. Disponível em: https://super.abril.com.br/ciencia/por-que-o-tempo-parece-passar-mais-rapido-conforme-envelhecemos. Acesso em: 15 jan. 2024.

eficiente. É preciso encontrar caminhos que vão minimizar a taxa de esquecimento para que possa ter mais performance nos estudos. Para que isso seja minimizado, seja na vida e nas experiências, seja nos estudos, é preciso encontrar soluções inteligentes.

APRENDIZAGEM ATIVA E PASSIVA

Você acordava, tomava café da manhã – ou não –, colocava o uniforme e ia para a escola. Lá, ficava sentado em uma carteira enquanto o professor explicava a matéria e pedia que todos copiassem no caderno. Muita fala, muita explicação, muito conteúdo colocado na lousa. Muita escrita no caderno, muito silêncio, poucas perguntas e experiências diferentes. Então batia o sinal, e um novo professor entrava. O processo era o mesmo. Ao terminar todas as aulas, você fechava o caderno, voltava para casa e seguia o mesmo padrão no dia seguinte. Essa é a descrição da aprendizagem passiva!

Majoritariamente presente nas escolas de ensino tradicional, a aprendizagem passiva é aquela na qual o aluno apenas escuta e copia. Ele é um receptor de conceitos apresentados pelos professores, mantém uma postura passiva dentro da sala de aula e apenas recebe o conteúdo, sem o manusear ou fazer intervenções ativas.

Na aprendizagem ativa, por outro lado, os alunos participam da aula e ajudam no processo de construção da própria aprendizagem. Eles deixam de ser receptores e passam a ser protagonistas. O conteúdo pode ser passado de diversas maneiras, como por explanação, atividades em campo, experiências, apresentações, seminários e experimentos. O professor passa a ser um mediador em sala de aula, e o aluno assume um papel ativo dentro do contexto escolar.

O que quero explicar é que, quando não são combinados, os tipos de aprendizagem tendem a gerar menos resultado. Enquanto a aprendizagem passiva retém o conteúdo, a aprendizagem ativa estimula o processo de criatividade do aluno, o que se transforma em algo fundamental para que ele efetivamente aprenda o que está sendo apresentado. E, para aprender, precisamos ser ativos – ou então aprenderíamos até dormindo.

Essa, inclusive, foi uma grande mentira preconizada há alguns anos por cursos de inglês. "Aprenda inglês dormindo" era o mote, cuja lógica era que, se você ouvisse as aulas durante o sono, aprenderia a língua com mais facilidade. Existem muitos estudos do assunto, mas o fato é que ouvir inglês durante o sono pode, sim, ajudar você com o ritmo da fala na sua cabeça, porque você passa a sintetizar aquela melodia com mais facilidade. Porém, o processo de aprendizagem completo precisa passar pelas etapas ativa e passiva para que ocorra corretamente.

Essas etapas são *input* (entrada), consolidação e *retrieval* (recuperação). Primeiro, você precisa colocar informações dentro do seu sistema de modo ativo (*input*).[44] Nessa etapa é importante interagir com o conteúdo, repetir em voz alta, fazer perguntas, anotar. Depois, é necessário fortalecer esse conteúdo dentro do cérebro – consolidação –, etapa que acontece de modo passivo, porque é feita em silêncio, enquanto você dorme, sobretudo nas etapas de sono REM, quando você está sonhando, e sono profundo, por isso a importância de dormir bem para ter uma boa taxa de retenção.[45]

---

[44] MCKENZIE, S.; EICHENBAUM, H. Consolidation and reconsolidation: two lives of memories? **HHS Public Access**, v. 71, n. 2, p. 224-33, 28 jul. 2011. Disponível em: https://www.ncbi.nlm.nih.gov/pmc/articles/PMC3145971. Acesso em: 19 fev. 2024.

[45] RIDLEY, D.; NGNEPIEBA, P.; SILVA. A. de. The doctrine of normal tendency in active learning teaching methodology: investigations into probability distributions and averages. **SN Social Sciences**, v. 1, n. 6, p. 144, 2021. Disponível em: https://www.ncbi.nlm.nih.gov/pmc/articles/PMC8164912. Acesso em: 19 fev. 2024.

Por fim, é preciso se lembrar daquele conteúdo, para que ele fique fixado no cérebro – *retrieval*. Esse último processo acontece como naquelas máquinas cheias de bichinhos de pelúcia. Você dá o comando e a máquina move a garra até o bichinho para o retirar de lá e dar a você como recompensa. Assim é o processo de *retrieval*! Você estudou o conteúdo, ele está ali em algum lugar da sua mente, porém você precisa fazer esse movimento de garra para que ele volte à "superfície" e seja lembrado.

Para isso, é provável que você precise olhar as suas anotações porque não se lembra da palavra, da estrutura ou da regra, mas isso não influencia negativamente o aprendizado, porque é o gatilho de acionar a garra e buscar a informação dentro da mente que aciona o botão da curiosidade e gera a ativação da memória. Esse processo é ativo e faz o ciclo da aprendizagem se completar. Assim você se lembrará com mais facilidade do conteúdo, porque, uma vez que o caminho da garra é feito, ele será lembrado. Por isso revisar é fundamental no aprendizado.

Em resumo, aprender é muito mais do que olhar as anotações e decorar o que o professor de inglês falou; é muito mais do que conversar com outra pessoa em inglês; e é muito mais do que assistir a filmes e vídeos e ouvir músicas em inglês. O processo de aprendizagem de inglês precisa ser um compilado dessas e de tantas outras experiências. Ter essa clareza ajudar você a organizar melhor os seus estudos e o faz saber exatamente em quais etapas precisa dedicar mais energia e tempo.

SOM, O REI DA COMUNICAÇÃO

Avançando um pouco mais no processo de aprendizagem, precisamos falar da importância do som. Ele é o rei da comunicação e muito subestimado na vida de quem tenta aprender inglês.

É preciso, sim, entender o conteúdo, anotar, consolidar e relembrar, porém precisamos também falar em voz alta, porque assim o rei da comunicação nos ajuda a entender a dinâmica das melodias e nos faz reter o que aprendemos. O inglês tem ritmo e musicalidade diferentes das do português, seja porque é um idioma muito consonantal, seja porque na entonação cotidiana elicia apenas palavras de conteúdo em cada frase. É como se uma ou duas palavras fossem claramente pronunciadas e o resto fosse um grande *mumble jumble* (amontoado de sons sem sentido).

Quando fala em voz alta, você fixa mais o conteúdo porque está convidando o seu hipocampo a participar do processo, então, no fim do dia, quando ele for decidir o que fica ou vai embora, consegue reter mais informações nesse processo. Além disso, você experimenta sons e ganha ritmo de fala. É muito mais importante estudar gramática por 10 minutos e repetir por 20 minutos do que passar os mesmos 30 minutos apenas de cabeça baixa lendo e relendo anotações ou fazendo extensos e monótonos *drills* (exercícios de repetição de padrões). A gramática é importante e precisa ser valorizada e aprendida, mas não pode ser prioridade. O som deve ser a prioridade!

Para isso, você não precisa de ninguém. Você pode usar o Instagram, o YouTube, uma inteligência artificial ou alguma outra ferramenta que ajude a ouvir inglês e repetir *over and over again* (de novo e de novo). O que importa é a referência sonora que você utilizará durante esse processo para poder assimilar o sotaque, a melodia e o que está sendo dito.

Além da repetição, você precisará de uma referência sonora de como está soando. É isso mesmo. Não existe nada mais poderoso do que ter um *record* (gravação) auditivo da própria voz para checar o seu avanço. Como fazer isso? Gravando-se. Você pode gravar áudios no WhatsApp, por exemplo, e enviar áudios para si mesmo, para poder ouvir como está soando e entender pontos de melhoria e o que já está muito bom. Você pode, também, gravar vídeos falando inglês e usar esse conteúdo como marcos de evolução. O que não é medido não pode ser gerenciado, então é importante ter essas medidas para que você possa *tweak* (ajustar), melhorar e editar a sua fala.

Ao fazer isso, privilegiará a sua prática em voz alta e terá um registro da sua melhoria. Até porque contra fatos não há argumentos. Sei que você deve ter dificuldades de perceber se está evoluindo no inglês, e é exatamente isso que quero combater. Quero, também, que deixe de considerar apenas as suas provas como validadores do seu processo de aprendizagem. Isso lhe dará autonomia sobre a sua aprendizagem, o que é um princípio básico na andragogia, a aprendizagem para adultos.

Muitos alunos definem o inglês como básico, intermediário ou avançado apenas tomando como princípio um teste que, muitas vezes, nem considera o entendimento e a fala. A verdade, entretanto, é uma só: existem apenas dois níveis de inglês: ou você fala ou você não fala; ou você é entendido por outras pessoas ou você não é entendido; ou você resolve os problemas ou você não resolve os problemas. Essa é a lógica.

Não importa se você vai resolver o problema com um vocabulário excelente ou com poucas palavras. Não importa se você vai fazer uma venda falando bonito ou se vai ser algo mais simples, o que importa é fechar o negócio. O contrato precisa ser fechado, o cliente internacional precisa estar satisfeito, você precisa conseguir conversar com os seus netos estrangeiros, precisa poder viajar, e se virar sozinho, precisa conseguir resolver o problema no hotel. Eu até posso ensinar o verbo *to be* e dar a você um diploma de inglês básico, mas, se você não conseguir resolver a sua vida e as questões do dia a dia ao falar inglês, esse diploma não valerá nada.

Muitas vezes, por ficar preso ao discurso do inglês perfeito, do vocabulário vasto, você nem percebe que as soluções estão na simplicidade. O som é simples. Justamente por isso é preciso treinar, praticar a lógica de *input*, consolidação e *retrieval*, mas também ouvir a si e perceber a própria evolução. Ter isso em mente muda o jogo do aprendizado em inglês.

Agora você já sabe disso! Então use a seu favor. Já gravou o seu primeiro áudio ou vídeo em inglês hoje? Então faça isso já.

Para que esteja ainda mais bem preparado, quero deixar também outras ferramentas que precisam ser incorporadas nesse processo e que vão fazer você acelerar a sua aprendizagem.

HORA DE ACELERAR!

Separei algumas ideias que apresento aos meus alunos e ajudam muito no processo de aprendizagem de inglês. São práticas simples e que podem ser incorporadas no seu dia a dia. Elas podem ser utilizadas de modo individual, apenas uma ferramenta e uma vez por dia, ou combinadas. Você ditará os critérios, mas é importante começar.

Garanto que você verá melhora e perceberá como pode ser fácil aprender inglês transformando um pouco os seus hábitos antigos em novas práticas ativas que realmente ajudam a aprender.

1. **Leitura em voz alta**. Comentei que o som é o rei da comunicação e não poderia deixar de começar com ele. Quer medir o seu resultado? Escolha um texto pequeno do qual você tenha uma referência auditiva. Sem ouvir a referência auditiva, grave-se lendo o texto. Assista ao vídeo e veja como você se sai. Dê uma nota para a sua performance. Depois, pegue a referência auditiva, escute-a diversas vezes, no mínimo três, e grave novamente um vídeo falando o mesmo texto. Assista à segunda gravação e perceba as diferenças de performance. Aposto que a sua nota melhorará muito!

Repetir várias vezes o mesmo áudio é muito benéfico para o aluno de inglês. Por quê? Escutar várias vezes fará você perceber as nuances das pronúncias e entender a dinâmica do som e o ritmo do texto. Faça isso com frequência, e o aprendizado e fala ficarão muito mais simples. Nosso ouvido é como um instrumento musical que vai afinando conforme vai ouvindo.

2. ***Speaking journaling* (diário falado)**. O *journaling* é um exercício geralmente escrito que ajuda a colocar experiências no papel. Quero que você crie um grupo consigo mesmo em algum aplicativo de mensagem e separe um tempo para enviar áudios em inglês contando como foi o seu dia. Uma semana depois, tenho certeza de que você já perceberá uma evolução na facilidade com que está falando inglês.

"Ah, *teacher*, mas eu não sei se o meu inglês é bom." Você sabe! Todos nós já recebemos muita informação em inglês porque vivemos em uma cultura anglicista, repleta de termos de origem inglesa. Consumimos muito conteúdo de filmes, séries e televisão em inglês, *all the time*. Assim, existe dentro da sua cabeça uma ideia de como você deveria soar. Use isso a seu favor!

3. **Ensaio mental**. Esse exercício é uma ótima técnica para ajudar você a simular exatamente o que acontecerá em determinadas situações. Por exemplo, você vai viajar e precisa passar pela imigração. Você pode pesquisar as perguntas que são feitas nessa situação e simular uma conversa no papel, em inglês, do que responderá. Se precisar fazer uma venda, pode seguir a mesma lógica.

Pegue papel e caneta e comece a produzir uma conversa em português sobre a situação mais provável. Coloque as suas respostas detalhadas para cada uma das perguntas. Depois, traduza toda a conversa em inglês para produzir um ensaio mental no seu cérebro do que acontecerá. Você não precisa de ninguém para fazer isso! E, ao chegar à situação real, garanto que se sentirá mais preparado.

4. ***Listening***. Muitos alunos têm uma expectativa maluca de que vão começar a fazer exercícios de escuta e em pouco tempo entenderão absolutamente tudo o que for falado. *Listening* é construção e constância. Não adianta achar que vai baixar um aplicativo de uma rádio estadunidense e conseguir entender tudo muito rápido. Além disso, o *listening* depende da *body language* (linguagem corporal) utilizada, e é por isso que às vezes ouvimos só metade de uma frase em português e conseguimos adivinhar o contexto inteiro – o cérebro completa a informação sozinho.

Assim, vale explicar que, ao ouvirmos um idioma estrangeiro, o cérebro faz um movimento que chamo de escuta discriminatória. O que é? Em primeiro lugar, o cérebro não presta atenção no que está sendo dito, porque tenta entender o contexto! É uma mulher ou um homem que está falando? Está bravo, feliz, realizado ou chateado? Quer ou não se conectar comigo? Essa é a primeira camada de interpretações que o cérebro faz ao ouvir inglês. Depois de alguns segundos, ele vai para a próxima camada, momento no qual você começa a prestar atenção no conteúdo.

Isso acontece porque o cérebro precisa entender se aquilo é ou não uma ameaça antes de se esforçar para compreender o que está acontecendo. Primeiro vem a proteção e, depois, a compreensão, por isso, insistir nos exercícios de *listening* é tão importante. É preciso ouvir, dar tempo para que o cérebro faça a assimilação e compreenda o que está acontecendo para depois fazer a análise crítica do conteúdo.

Contar e ouvir histórias é um hábito muito antigo, que está no nosso DNA. Somos curiosos por natureza, por isso a escuta e a repetição são tão importantes, elas geram afinamento na aprendizagem. Então, faça uma busca ativa dos conteúdos em que você tem interesse. Isso o ajudará a se manter em estado de vigília e interessado no *listening*. Esse é o processo ativo de aprendizagem!

5. **Language partner**. Esse exercício envolve ter alguém com quem praticar, mas existem duas premissas fundamentais. Número um: o seu *language partner* não é o seu professor. Número dois: o seu *language partner* não está ali para corrigir você.

Como comentei, a autocorreção é a melhor estratégia, por isso você deve deixar muito claro para o seu *language partner* que ele não está liberado para fazer correções, apenas se elas forem solicitadas por você. Isso é importante porque as correções ativam o modo defensivo e liberam cortisol no sistema, incentivando o apagamento de memórias. Você precisa ser o protagonista e explicar isso com o seu *language partner*, deixando claras as regras para que esse exercício funcione. Combinado?

6. **Role playing** (interpretação de papéis). Esse exercício é bem parecido com o ensaio mental e pode ser feito sozinho. A ideia é montar um diálogo ou separar uma conversa que será lida por duas pessoas para que você faça a assimilação do ritmo de fala. Para esse exercício, você pode utilizar uma técnica que chamo de *little by little* (LBL – pouco a pouco), que é falar as frases palavra por palavra, sempre adicionando uma nova palavra ao final, para incorporar o ritmo. Por exemplo, a frase *how are you doing today?* (como você está hoje?) é assim montada utilizando o método LBL:

1) *How...*
2) *How are...*
3) *How are you...*
4) *How are you doing...*
5) *How are you doing today?*

Utilizar essa prática fará você entender melhor a junção das palavras. Você pode fazer isso sozinho ou com o seu *partner*. Pode fazer isso ao longo da conversa, também, para ir lapidando as frases e usando as melodias a seu favor.

Esses são alguns dos principais exercícios que ensino para os meus alunos. Para fecharmos o capítulo, quero deixar um *disclaimer* bem importante. Muitos me dizem que se sentem estranhos ao falar inglês porque acham que o tom da voz muda. E é isso mesmo! O seu tom de voz deve mudar enquanto você fala inglês.

Isso acontece porque o conjunto de músculos envolvidos no processo de fala de inglês é diferente do usado quando falamos português. Essa sensação é natural, e para as outras pessoas ela é quase imperceptível. Na realidade, a mudança faz você soar mais adequado e fluente. Então, não se preocupe!

Ao analisar o processo de estudo, aprendizagem e prática, quero que você se lembre sempre de que deve estar apenas 20% do tempo estudando de cabeça baixa e 80% do tempo falando em voz alta ou aprendendo ativamente. Não queira aprender tudo de uma vez. Menos é mais! E chega de deixar que os outros avaliem a sua fala. Você é plenamente capaz de fazer isso.

Você é e sempre deve ser o protagonista do seu aprendizado. Não se esqueça jamais disso!

chapter eight
APRENDA POR RELEVÂNCIA

Você sabia que, diariamente, geramos cerca de 2,5 quintilhões de dados? E 90% disso tudo foi gerado nos últimos três anos. Segundo a International Data Corporation (IDC), uma empresa global de inteligência de mercado, serviços de consultoria e eventos para o mundo da tecnologia, a expectativa de geração de dados até 2025 é alcançarmos o patamar de 175 zettabytes.[46] Ficou em dúvida sobre o que são os zettabytes? Eu explico. Zettabyte é uma unidade de informação de memória que corresponde a 10^{21} ou 2^{70} bytes.[47] Em termos mais simples, é muita informação. Muito mais do que estamos acostumados no dia a dia, e, arrisco dizer, que é muito mais do que podemos imaginar.

Indo além nessa análise, estima-se que 52% de todas as informações armazenadas no mundo componham o que chamamos de lixo digital,[48] ou seja, dados que estão guardados e não têm nenhum tipo de fundamento, como e-mails antigos que nunca serão usados, arquivos duplicados na nuvem e tantas outras possibilidades de dados que não deletamos pelo simples fato de que muitas vezes nem sabemos que eles estão ali.

---

[46] PALKOVSKY, B. Dados: quantos geramos e como eles se transformam em insights. **Linkages**, 29 mar. 2023. Disponível em: https://linkages.com.br/2023/03/29/dados--quantos-geramos-e-como-isso-impacta-nossa-vida. Acesso em: 31 jan. 2024.

[47] ZETTABYTE. *In*: **WIKIPEDIA.** Disponível em: https://pt.wikipedia.org/wiki/Zettabyte. Acesso em: 25 jan. 2024.

[48] LIXO digital representa 52% dos dados armazenados no mundo. **Mercado e Consumo**, 5 jul. 2023. Disponível em: https://mercadoeconsumo.com.br/05/07/2023/tecnologia/lixo-digital-representa-52-dos-dados-armazenados-no--mundo/?cn-reloaded=1. Acesso em: 25 jan. 2024.

Trazendo para o contexto do aprendizado de inglês, acredito que a lógica do lixo digital se aplica perfeitamente à maneira como os alunos interagem com a internet e a quantidade de informações disponíveis on-line. Ainda, a como utilizam o aprendizado ao próprio favor e a como se esquecem da importância da aprendizagem por relevância para serem mais efetivos nessa jornada.

Esse aumento da quantidade de informações, por mais que seja maravilhoso e tenha democratizado o conhecimento, também pode ser um dos grandes males para alunos de inglês. Esse acesso facilitado gera certa cobiça por saber tudo, o que chamo também de cobiça do conhecimento, ou seja, a sensação constante de que temos que saber tudo o que é possível, conhecer os mais variados assuntos, receber conteúdos, mesmo que irrelevantes, a todo momento e sentir que nunca é o suficiente. Por esse motivo, vamos acumulando uma quantidade gigantesca de informações que, muitas vezes, ocupa um espaço mental desnecessário e jamais será colocada em uso.

O conhecimento até pode ser usado, mas só quando for colocado em prática. Caso contrário, ele é lixo intelectual. Conhecimento é poder em potencial, porém apenas com algumas ressalvas sobre as quais falaremos aqui. E esse contexto começa com os seus hábitos.

MENOS ACÚMULO, MAIS IMPORTÂNCIA

O cérebro naturalmente quer aprender, por isso é possível que você esteja acumulando mais conteúdo do que de fato precisa e isso esteja travando o seu aprendizado de inglês. Criei a nomenclatura Maria PDF ou Zé PDF para falar das pessoas que estão dentro desse contexto da cobiça do conhecimento e acabam ficando perdidas em relação ao que é relevante ou não. Em resumo, essa cobiça acaba gerando um excesso de informação que não utilizamos.

Vamos fazer um teste para checar se você é essa pessoa?

✓ EXERCÍCIO: VOCÊ É ACUMULADOR DE CONTEÚDO?

Leia as afirmações a seguir e marque aquelas que correspondem aos seus comportamentos do dia a dia em relação ao inglês.

- ☐ No Instagram, TikTok ou YouTube, eu sigo mais de dez professores de inglês.
- ☐ Tenho mais de quinze posts salvos com frases que nunca revi ou usei.
- ☐ Já baixei mais de dez PDFs com frases, listas ou exercícios que nunca fiz nem revisitei.
- ☐ Quando pego uma lista de vocabulário para estudar, não separo o que é útil do que é inútil. Quero sempre aprender tudo.
- ☐ Mesmo estudando, sempre fico com a sensação de que tudo o que eu sei jamais será suficiente.

Conte quantas afirmações você marcou. Caso tenha assinalado duas ou mais, saiba que existem grandes chances de você ter o que chamo de síndrome do acúmulo de conhecimento.

Pense em todas as listas de vocabulário ou expressões em inglês que você já baixou. Quantas delas você efetivamente utilizou? Você revisita essas listas? É provável que não. Você faz algum esforço prático para aprender o que está nelas? Jamais. Mas você quer saber aquilo que é apresentado nelas!

Lembra-se de quando falamos sobre a memória ser como uma garagem cheia de cacarecos que não são utilizados? O acúmulo do conhecimento é esse ato de encher a garagem até ela não ter espaço para mais nada.

Precisamos, em muitos momentos, deixar de apenas colocar informações no cérebro e começar a organizar essa garagem, que já está cheia. Fazer isso é ganhar eficiência e tempo de estudo, porque você deixa de aprender com as "dicas" que recebe na internet e passa a entender que a prática é a única lei que impera aqui. Mas fique tranquilo, pois a partir de agora isso não será mais problema, pois vou mostrar algumas estratégias sobre aprendizado por relevância (APR) para que você possa aplicar.

Chegou a hora de separar o joio do trigo!

A MUDANÇA COMEÇA AQUI

Em primeiro lugar, vale reforçar que você precisa internalizar que todo o conhecimento que tem jamais será tão grande quanto o universo de coisas que você não sabe. Por exemplo, eu estudo inglês desde os 7 anos e sei que sempre terá algo que preciso aprender. Porém, também sei que não preciso saber tudo. Não somos máquinas, *we're humans* (somos seres humanos).

Agora, vamos às primeiras regras do APR para que você não acumule informações.

1. Elimine perfis desnecessários

A primeira decisão que você precisa tomar nesse contexto de excesso de informações é decidir quais são os perfis de professores de inglês que você vai seguir. O meu conselho é que você escolha entre três e cinco perfis que façam sentido para o contexto que você vive e como aprende melhor.

Por exemplo, se você faz dieta e se consulta com uma nutricionista que permite consumo moderado de carboidratos, por que você seguiria um perfil de nutricionista que prega que os carboidratos são proibidos?

Não faz sentido. As vertentes, dentro da nutrição, são diferentes. Isso não significa que os resultados não virão, a questão é que cada um acontecerá dentro do próprio tempo e em contextos diferentes. Existem nutricionistas que tiram carboidratos, que defendem jejum intermitente, que pregam a liberdade de escolha dentro de quantidades moderadas e tantos outros. Dentro do seu contexto, você precisa escolher. Quero que você leve essa mesma linha de raciocínio para o inglês.

Na minha vertente de ensino, eu falo muito sobre como metodologias tradicionais privilegiam a gramática em detrimento da prática. Se você concorda com a minha linha de pensamento e quer aprender mais com a prática, por qual motivo você seguiria um perfil que fala sobre gramática tradicional? Não tem por quê.

Assim, quero que se questione:

1) Quem são as pessoas que eu estou seguindo?
2) Elas estão alinhadas com o tipo de aprendizado em que acredito?
3) Quais perfis estão mais alinhados comigo?

Com base nessas respostas, quero que faça uma limpa nas suas redes sociais e mantenha nelas apenas o que for relevante para você.

2. Separe o joio do trigo

Um dia, estava assistindo ao filme *Um lugar chamado Notting Hill*[49], no qual Hugh Grant, no papel de William Thacker, utiliza uma expressão muito peculiar: *whoopsie daisies*. Em português, ela seria algo como "upa-lá-lá". Quando vi aquela expressão, fiquei curiosa. Quando você utilizaria *whoopsie daisies* na sua fala? As chances são mínimas. Portanto, se notar uma expressão fofa em uma música, um filme ou uma série, mas que nunca usaria, simplesmente não perca tempo nem energia anotando ou repetindo essa palavra. Ela não é relevante. Ponto. Siga adiante.

---

[49] UM LUGAR chamado Notting Hill. Direção: Roger Michell. EUA: PolyGram Filmed, 1999. (124min).

Assim, chegou a hora de limpar o que está sobrando de conteúdo na sua vida. Reveja todas as listas que baixou, conteúdos que pode ter separado para ver depois ou qualquer outro tipo de informação que está aí guardada dentro do seu computador e tem relação com o inglês. Verifique até os livros daquele curso no qual pagou uma fortuna e ainda estão por aí, em um canto da sua casa, acumulando pó. Defina o que vai efetivamente utilizar e mande para a lixeira o que não for relevante. Como saber isso?

Por exemplo, imagine que você baixou uma lista de *phrasal verbs*, que são expressões específicas para determinados contextos, contendo duzentas opções para decorar. Ali existe um *phrasal verb* que é *wring out clothes* (torcer roupa). Você trabalha com isso? Mora nos Estados Unidos e precisa disso para se comunicar? Qual foi a última vez no último mês que você usou a construção "torcer roupa"? Muito provavelmente não a tenha usado. Então chegou a hora de jogar fora o que não vai utilizar.

Quando pegar uma lista de vocabulário, risque sem dó aquilo que não vai utilizar. Muitas vezes, achamos que vamos precisar daquelas palavras em algum momento, mas na realidade estamos apenas sustentando uma posição de cobiça do conhecimento. Eu já estive nessa posição e entendo que pode ser difícil, mas tenho certeza de que você consegue. Não fique pensando que pode, em algum momento, precisar dessas expressões, porque, se a hora não chegar, você só terá acumulado conteúdo de modo desnecessário. A garagem fica entulhada com centenas de coisas que jamais serão utilizadas.

Isso que você está guardando só gerará ansiedade em você – por lembrar ou não – e o fará ocupar espaço que poderia receber outras coisas que são mais importantes. O seu pensamento precisa ser leve para ser ágil. Aliás, muitos alunos me dizem assim: "*Teacher*, sabe o que eu quero? Quero falar inglês sem pensar, assim como eu falo português". Ah, mas aí é que está a pegadinha! Quem disse que você fala português sem dar uma espiadinha no arquivo mental, hein?!

Vamos a um desafio relâmpago: qual é o filme que você mais ama? Aquele que ganha o troféu de melhor do melhor no seu coração? Notou? Os seus olhos já estão fazendo aquela dança para cima, procurando no baú de memórias o nome ou as cenas épicas dele para poder me contar. Percebeu? Mesmo em português, você dá uma pausadinha para organizar as ideias antes de jogar a resposta no ar. Talvez você nunca tenha parado para pensar nisso, mas o cérebro entra em ação até para dizer o nome do seu filme preferido!

Então se liga: falar um idioma é como fazer malabarismo com as palavras. Mesmo que pareça que você não está pensando, o seu cérebro está lá, firme e forte, trabalhando nos bastidores.

Está preparado para deixar a sua mente fazer esse malabarismo em inglês também?

A mesma lógica funciona quando vamos fazer uma mala de viagem. Eu gosto de separar em conjuntos o que vou usar, para evitar ao máximo levar peças desnecessárias. *Travel light* (viaje leve), porque isso é uma delícia. Faça o mesmo com o conteúdo que tem guardado. Se for preciso, desarrume a mala, jogue fora o que não precisa ficar e viaje com tranquilidade.

Esse comportamento de olhar com relevância para o que tem é conquistado ao longo do tempo, e você precisa colocar em prática a partir de agora. Mais vale você dominar trinta *phrasal verbs* que vai realmente utilizar do que ter cinquenta listas que nunca vai olhar nem aprender. Para o vocabulário, utilize o mesmo princípio. Não acumule palavras de contextos que nunca serão colocados em prática.

Se você não é *chef* de cozinha, não precisa ter uma lista gigantesca de utensílios de cozinha. Se não trabalha em uma pizzaria, não precisa saber todos os sabores de pizza. Se não trabalha com imigração, não precisa saber todas as nacionalidades do mundo. Percebe qual é a jogada de mestre?

Agora que você já entende, podemos seguir para a próxima regra.

3. Contexto é tudo

Não existe aprender vocabulário solto sem o colocar dentro de um contexto. Eu sei que, muito provavelmente, na escola ensinaram que você precisava copiar a matéria da lousa e apenas isso era suficiente para aprender. Isso é irreal, e você mudará essa atitude a partir de agora. Essa é uma técnica passiva de aprendizagem que, além de ultrapassada, é muito ineficaz.

Jamais coloque algo nas suas anotações sem ter um olhar ativo para o que está anotando. Aprendeu uma palavra ou expressão nova? Coloque-a em um contexto. Pergunte-se: em quais lugares eu usaria essa palavra ou expressão? Como utilizaria isso dentro de uma frase? Faça esse exercício, e assim você pensará antes de anotar. Além disso, quando colocar em um contexto, chame o seu hipocampo para participar do aprendizado, ou seja, repita pelo menos três vezes a palavra em voz alta para articular o som e se ensinar qual é a pronúncia correta.

Tudo o que for aprender, traga para a sua realidade. Lembra-se do exercício de ensaio mental no Capítulo 7? Você pode utilizar aqui para colocar melhor o que está aprendendo nos contextos que vai utilizar. Sempre imagine como poderá aplicar o que está aprendendo. Isso é colocar o princípio de APR em prática. Fazendo isso, você ficará mais tranquilo, porque reterá mais conteúdo e, quando se esquecer de algo, saberá como se virar.

Na hora do branco, use a criatividade

Vamos imaginar a seguinte situação em português: você está em casa e vai deixar algumas roupas de molho no tanque da lavanderia. Para isso, precisa daquela pecinha branca, pequena, de plástico, que é utilizada para impedir a água de passar pelo cano. Como essa peça se chama? As maiores chances são de que você não saiba como essa peça se chama. Você fica em casa meia hora pensando o que vai acontecer se chegar na loja e não souber o nome da peça? Ou apenas vai até lá e explica o que quer? O vendedor entenderá o que vocês está buscando ou dirá assim: "Se não falar o nome da peça, não tem conversa"?

Vamos transportar agora esse contexto para o inglês. Se você estivesse nos Estados Unidos e precisasse sair para comprar essa peça, precisaria saber falar exatamente aquela palavra? É indiscutível que não! Você poderia utilizar a mesma lógica para falar o contexto do que precisa sem saber exatamente qual é o vocabulário específico daquilo. Muitos alunos se esquecem desse princípio e por isso acabam ficando presos na necessidade gigante de aprender e saber tudo.

Estrangeiros, em contextos de comunicação, também não vão exigir que você saiba falar tudo, até porque muitas vezes nem eles sabem como aquilo é falado – assim como no caso da tampinha do ralo do tanque. Esse entendimento vai além das palavras e se completa no contexto, da *body language* (comunicação corporal) ou do tom e dos recursos visuais usados. Então chega de ficar obcecado por palavras específicas e comece a procurar aquilo que você vai usar muito.

E vá além: use outras palavras do seu repertório nos momentos de aperto. Pense em soluções diferentes, não fique preso a palavras ou expressões específicas. Na hora do branco, use a criatividade, explique, use mímica, desenhe, se for preciso, mas não desista. Ter isso em mente muda tudo!

O que é relevante

Dentro do ecossistema de aprender por relevância, precisamos falar da diferença entre inglês tradicional e inglês da vida real. Além disso, tratar do que é importante aprender em um primeiro momento *versus* o que é irrelevante até que você esteja em um nível intermediário ou avançado.

Em salas de aula do aprendizado mais tradicional, percebo que o conteúdo é sempre ensinado de uma maneira mais segmentada. É como se fosse um inglês de laboratório, com pronúncias perfeitas, regras inquebráveis e contextos redondos. Na vida real, a comunicação não funciona assim.

Comecei este livro contando a minha primeira experiência em território estadunidense e como percebi que o inglês nativo era muito mais difícil do que o inglês que eu havia aprendido. Esse inglês da vida real, em uma análise mais profunda, é o que precisa ser mais importante para você neste momento. Não adianta ouvir áudios pausados, com frases e pronúncias perfeitas, se a verdade é que, ao viajar, você não ouvirá nada assim.

Podemos ir além: pense também em quais regras gramaticais precisa aprender e quais são quebradas para entender o que está sendo dito. Por exemplo, entender interrogativas no presente é fundamental: *Do you love me*? (Você me ama?); *does she love me*? (Ela me ama?). Norte-americanos erram muito pouco *do* e *does*, então falar errado fará diferença na sua comunicação. Já utilizar *in* ou *at* em contextos errados não faz tanta diferença. É importante? Sim. Mas não tem problema errar.

Aqui vai uma maneira nova de pensar nisso. Se um gringo chega em você na rua e diz: "Boa tarde, eu querer ir *no* padaria". Você o leva à padaria ou o xinga de burro, dá três tapas na cara dele até ele dizer *na* padaria?! Entende agora o que quero dizer com "está tudo bem errar uma preposição, porque isso não é o fim do mundo"? Não saber determinadas coisas não desqualifica você como fluente em inglês.

Assim como está tudo bem você não saber o significado ou o uso de palavras como convescote, idílico e desiderato. Você deixou de ser fluente em português por isso? Tenha autoconfiança, não duvide da sua capacidade. Destrave essas questões e perceba que o mais importante é conseguir atingir o seu objetivo, que é falar e ser entendido, bem como ouvir e entender o que está sendo dito.

Você também pode começar o aprendizado pelo que é mais relevante: presente, passado, futuro, interrogativas e negativas, verbos "ser" e "estar", falar sobre você, sobre a sua família, sobre o seu dia a dia e sobre os planos do futuro. Em qualquer contexto em português, em qualquer comunicação comum, estamos variando entre essas frentes. Pensando em inglês, comece por esses temas também. Aprenda presente, passado e futuro, aprenda o verbo *to be* e outros que são mais comuns na fala. Depois, aprenda a falar sobre si, sobre o seu dia a dia e sobre os planos do futuro.

Em um primeiro momento, você precisa saber pedir uma pizza ou um cheeseburger em um restaurante. Precisa conseguir passar pela imigração. Esses são os conteúdos básicos que precisa dominar. Depois, quando estiver em um nível intermediário, você pode se preocupar com os detalhes e as conjunções, por exemplo. Pense no que você mais precisa no seu dia a dia, dependendo do seu objetivo ao precisar falar inglês. É nesse contexto que você deve mirar. Ao saber isso, você estará mais bem preparado do que a grande maioria dos alunos que já estão em níveis avançados de inglês.

A realidade é que se não sabemos tudo em português tampouco saberemos tudo em inglês. Quero que você dê um chute agora: quantas palavras acha que existem em inglês? Ao todo, estima-se que existam entre 500 mil e 1,2 milhão de verbetes em inglês.[50] Desses números, quantas palavras mais ou menos você acha que

---

[50] QUAL É o idioma com mais vocábulos? **Mundo Estranho**, 18 abr. 2011. Disponível em: https://super.abril.com.br/mundo-estranho/qual-e-o-idioma-com-mais-vocabulos. Acesso em: 31 jan. 2024.

um estadunidense nativo tem no vocabulário? Cinquenta mil? Cem mil? Duzentas mil?

Pasme! Um adulto estadunidense funcional domina, em média, 10 mil palavras.[51] É muito pouco! Para falar inglês fluentemente, estimo que você precise dominar entre 3 mil e 4 mil palavras, ou seja, estamos falando de menos de 1% do idioma, se considerarmos 500 mil verbetes como número total.

Então chega de achar que você precisa dominar tudo. Coloque protagonismo e relevância no seu aprendizado. Assuma a responsabilidade do que você tem estudado e procure conteúdos que façam sentido para você.

Para fechar o capítulo e ajudar você nesse processo, quero propor um exercício.

---

[51] BRYSBAERT, M.; STEVENS, M.; MANDERA, P.; KEULEERS, E. How many words do we know? Practical estimates of vocabulary size dependent on word definition, the degree of language input and the participant's age. **Frontiers in Psychology**, v. 7, jul. 2016. Disponível em: https://www.researchgate.net/publication/305703461_How_Many_Words_Do_We_Know_Practical_Estimates_of_Vocabulary_Size_Dependent_on_Word_Definition_the_Degree_of_Language_Input_and_the_Participant's_Age. Acesso em: 19 fev. 2024.

APRENDER NÃO TEM PRAZO DE VALIDADE.

@TIADOINGLES

⊙ EXERCÍCIO: O MEU PORQUÊ

Chegou a hora de fazer uma reflexão. Quero que você se coloque em uma posição ativa em relação ao que tem estudado, para ter mais foco e direção no seu objetivo. Para isso, responda às perguntas a seguir.

1. Quais são os seus objetivos para aprender inglês? Elenque até três objetivos primários que levaram você a esta jornada de aprendizado.

Por exemplo: quero poder falar com os meus netos; trabalho em uma empresa e preciso falar com fornecedores dos Estados Unidos; quero viajar sozinho.

_____
_____
_____
_____
_____

2. Liste quais são os assuntos, os temas ou os contextos fundamentais para que você atinja os seus objetivos.

Por exemplo: se quer viajar sozinho, você pode escrever que precisará passar pela imigração, pedir comida em um restaurante, consultar um endereço.

_____
_____
_____
_____
_____

Agora, com essas informações definidas, minha proposta é que você reveja o seu aprendizado e verifique se está aprendendo com relevância. Caso não esteja, chegou a hora de mudar a rota.

Busque conteúdos, informações e conhecimentos que privilegiem os seus objetivos. Garanto que você se sentirá muito mais bem preparado para o nosso próximo passo!

CHAPTER NINE
HORA DE APRENDER

Aqui vai uma verdade que muitos esquecem e da qual tantos duvidam: aprender não tem prazo de validade. Não, você não leu errado! A vida não segue um cronograma chato e previsível, e sim um caminho cheio de reviravoltas e loopings. O que rolou lá atrás não prende você, e muito menos o define.

É hora de mudar, aprender e transformar o seu futuro, independentemente da fase da vida em que você esteja. Vamos para o capítulo mais *hands-on practice* (mão na massa) da nossa jornada?!

Essa falácia de que existe prazo de validade para o aprendizado já caiu por terra há muitos anos, afinal a neuroplasticidade nos acompanha por toda a vida.[52] É claro que o aprendizado, quando somos crianças, é poderoso e acontece com facilidade porque, entre outros motivos, temos muito espaço disponível no circuito cerebral,[53] mas a andragogia, isto é, o estudo que orienta adultos no processo de aprendizado, está cada vez mais em pauta para desmistificar o processo de "endurecimento" cerebral. Então é hora de *cut to the chase* (ir direto ao ponto).

Neste capítulo, quero apresentar a você um conteúdo prático que será dividido em duas partes. Na primeira, mais global, falare-

---

[52] RODRÍGUEZ, M. A extraordinária cientista que estudou o cérebro de Einstein e revolucionou a neurociência moderna. **BBC News Mundo**, 27 abr. 2019. Disponível em: https://www.bbc.com/portuguese/geral-48005592. Acesso em: 03 fev. 2024.

[53] BRIGGS, H. Cientistas descobrem por que crianças têm facilidade de aprender mais de uma língua. **BBC News**, 9 out. 2013. Disponível em: https://www.bbc.com/portuguese/noticias/2013/10/131009_linguagem_infancia_an. Acesso em: 3 fev. 2024.

mos de três técnicas de memorização para que você possa utilizar ao longo do seu aprendizado. Na segunda, aprofundando um pouco mais para aqueles que já estudaram ou estão em processo de estudar inglês, vou apresentar alguns princípios específicos da língua que precisam ser colocados em prática para que você seja mais fluente e potencialize a sua comunicação. Sem mais delongas, *let's get started* (vamos começar)!

UMA PEÇA CONECTADA À OUTRA

Você já brincou de LEGO? Como uma estratégia para mostrar que você sabe mais inglês do que imagina, criei uma ferramenta chamada LEGO Approach, em que o princípio é trabalhar com peças separadas e, com criatividade, formar inúmeras possibilidades de novas frases ao trabalhar o que já se sabe. No LEGO, você junta diversas peças que podem se transformar em figuras diversas: carros, castelos, casas, muros, caminhões... aqui o princípio será o mesmo!

Em vez de focar a estrutura gramatical de cada frase e como montá-las, vamos usar outra abordagem. Boas-vindas ao espetacular mundo do milagre da multiplicação de frases! A ideia é simples: vamos pegar aquele seu inglês que está juntando poeira, sacudir e mostrar que dá para fazer um baita espetáculo com o que você já sabe.

Antes de entrar de cabeça nesse show, precisamos alinhar três regrinhas básicas do LEGO Approach para que tudo se encaixe perfeitamente. Siga estes três princípios:

1. Pense no encaixe

Assim como no LEGO, você precisa pensar no encaixe de cada peça, então só pode trocar palavras por outras com a mesma função. Assim, você só pode substituir um verbo por um novo verbo. Só pode trocar um substantivo por um novo substantivo. E só pode trocar um adjetivo por outro adjetivo.

2. Com liberdade

Brinque com as trocas! Vale reforçar que talvez algumas novas frases formadas não façam sentido. Não tem problema! Este não é um espaço para tolher a sua criatividade. Este é o seu momento de brilhar e deixar a sua criatividade pulsar.

Faça no mínimo cinco trocas e não se preocupe com o resultado ainda. Se ao fim do exercício você perceber que a frase, ao ser traduzida, não faz sentido, apenas a descarte.

3. Trocas inteligentes

Se estamos falando de melhorar o inglês, por que não usar o exercício para tentar trocar afirmativas, negativas e interrogativas durante o processo? Libere a sua mente e faça desse exercício o seu principal ativo agora. Afinal, 100% do tempo da comunicação em inglês estamos afirmando algo, negando algo ou fazendo perguntas. Portanto, essa é uma técnica que você precisa dominar!

Como começar? Imaginar uma das primeiras frases aprendidas ao estudar inglês: *What's your name?* (qual é o seu nome?). A partir dela, acompanhe alguns exemplos para entender a lógica do LEGO Approach.

What's your name?

A palavra *name* é substantivo, então podemos substituir por outros já conhecidos, como *job* (trabalho), *hobby*, *favorite sport* (esporte favorito), *favorite band* (banda favorita), *favorite TV show* (programa de TV favorito). Vamos checar como ficaria?

1. *What's your name?*
2. *What's your job?*
3. *What's your favorite sport?*

4. *What's your favorite band?*
5. *What's your favorite TV show?*

Pronto! Você escolheu uma peça e a trocou por outras que são amplamente conhecidas. Quer outro exemplo?
1. *The book is on the table* (O livro está na mesa).
2. *The book is on the floor* (O livro está no chão).
3. *The book is on the counter* (O livro está no balcão).
4. *The book is on the desk* (O livro está na escrivaninha).
5. *The book is on the cupboard* (O livro está na estante).

Esse princípio também pode ser aplicado em frases mais complexas. Um ponto importante é: se você for substituir um verbo e ele contiver *ed*, troque por um verbo no passado ou com *ed*. Se ele contiver *ing*, use *ing* também. Se ele tiver "s" na conjugação porque está na terceira pessoa, coloque "s" na substituição também.

Exemplos:
1. *We're playing with her now* (Nós estamos brincando com ela agora).
2. *We're talking with her now* (Nós estamos falando com ela agora).
3. *We're dreaming with her now* (Nós estamos sonhando com ela agora).
4. *We're checking with her now* (Nós estamos checando com ela agora).
5. *We're dancing with her now* (Nós estamos dançando com ela agora).

Agora é a sua vez! Utilize o princípio do LEGO Approach para trocar as peças das frases a seguir e testar o quanto você conhece de inglês. Lembre-se: use a imaginação e as três regras que vimos.

1. *What do you do?*
2. _____
3. _____
4. _____
5. _____

Dica: você pode trocar o verbo por outros verbos.

1. *I'm working in São Paulo.*
2. _____
3. _____
4. _____
5. _____

Dica: aqui temos um substantivo que pode ser trocado por inúmeros outros. Você também pode utilizar o princípio 3 da técnica, para produzir interrogativas ou negativas.

1. *Where do you live?*
2. _____
3. _____
4. _____
5. _____

Dica: você pode trocar o verbo da frase.

Se aqui, em pouquíssimo tempo, você fez quinze frases, imagina o que pode fazer com tudo o que já aprendeu. Sempre que revisar conteúdos, tente aplicar essa técnica. Além disso, quero que fale as frases em voz alta para que estimule o seu hipocampo a participar e treine a sua musculatura.

Hora de aprender

PILING (EMPILHAMENTO)

Somos muito conectados com narrativas e histórias, o que, dentro da programação mental, é uma lógica que faz muito sentido. Tudo o que tem começo, meio e fim e gera emoção ajuda no processo de memorização. Assim, com esta técnica, quero que você utilize narrativas para construir memórias.

Imagine que você precise decorar três palavras aleatórias em inglês: *beetroot* (beterraba), *rollercoaster* (montanha-russa) e *high heels* (salto alto). Nessa técnica, você precisa criar uma narrativa, mesmo que sem sentido, conectando todas as palavras para que fique mais fácil de memorizar. Um exemplo: "Fui ao médico e ele pediu que eu consumisse mais beterraba (*beetroot*), porque estou em um processo de muito estresse e com deficiência vitamínica. Em um desses dias, muito nervosa no trabalho, decidi ir a um parque de diversões para desopilar. Vi uma grande montanha-russa (*rollercoaster*) e dei uma volta nela. Sai zonza e, no percurso para chegar à área externa do local, torci o pé porque estava de salto alto (*high heels*)".

É importante manipular as imagens na sua tela mental. Imagine que o seu cérebro é um supercomputador ultra-avançado que tem a própria "Netflix interna", chamada de tela mental. A cada segundo, ela roda trailers, relembra episódios antigos da sua vida e cria séries com você no papel principal.

A tela mental é basicamente isto: um telão interno no qual o cérebro projeta todas as imagens que você imagina, lembra ou sonha. É como se em você houvesse um projetor embutido que trabalha 24/7, mostrando tudo, desde a lembrança da cor da sua bicicleta de infância até uma invenção maluca que poderia revolucionar o mundo. E o melhor? O ingresso é gratuito e os *snacks* (lanchinhos) são imaginários, então você não engorda nem um grama por devorá-los durante a sessão!

Esse é um exercício amplo. Você pode utilizar para auxiliar nos estudos das mais variadas maneiras. Você tem alguns *phrasal verbs* para memorizar? Utilize essa técnica, coloque emoção, e o seu cérebro achará que a informação recebida é valiosa.

ACRÔNIMOS

Essa técnica tem como objetivo facilitar a memorização de textos curtos ou longos ao transformar palavras ou frases em siglas que o cérebro pode associar para recordar com mais facilidade.

Aqui está o passo a passo detalhado e objetivo para aplicá-la:

1. **Seleção do texto**: escolha um texto curto em inglês que você deseja memorizar.
2. **Extração de letras**: anote sequencialmente a primeira letra de cada palavra do texto. Esse processo cria um conjunto de letras que funcionam como um acrônimo do texto.
3. **Leitura e repetição**: leia o texto original em voz alta enquanto visualiza as letras que anotou. Isso ajuda a criar uma associação mental entre o acrônimo e o texto completo.
4. **Prática de memorização**: faça três repetições lendo as letras em voz alta sem olhar para o texto original. Esse exercício reforça a associação entre as letras e o conteúdo que elas representam.
5. *Recall* **sem o texto**: por último, esconda o texto original e tente se lembrar dele apenas olhando as letras anotadas. O objetivo é que os acrônimos funcionem como gatilhos para recuperar o texto completo da memória.

> Exemplo prático: vamos aplicar a técnica ao texto a seguir.
> *Our deepest fear is not that we are inadequate*
> *Our deepest fear is that we are powerful beyond measure.*
> *It is our light, not our darkness that most frightens us.*
>
> Extração de letras:
> O D F I N T W A I
> O D F I T W A P B M
> I I O L N O D T M F U

O conjunto de letras representa o acrônimo formado pelo texto. Ao praticar a leitura dessas letras e tentar lembrar o texto original sem olhá-lo, você aplicará a técnica de memorização por acrônimos para reforçar a recordação do conteúdo. Quanto mais você repetir essa técnica, de menos letras vai precisar e mais ágil ficará a sua habilidade de memorização.

Essa técnica pode ser aplicada, por exemplo, se você tiver uma apresentação de inglês e precisar se lembrar do que deve falar. Nas primeiras vezes, ficará estranho. Depois, o processo vai melhorando e você vai tirando algumas letras. No fim, nem precisará mais das letras para repetir o texto. *Works like magic* (Funciona como mágica).

MNEMÔNICOS

Mnemósine, filha de Urano e de Gaia, é uma das personalidades importantes da mitologia grega, considerada a deusa da memória.[54] Tendo sua origem na divindade, a técnica mnemônica ajudará você

---

[54] MANTOVANI, J. Mnemosyne e as musas da palavra (ou a memória e suas narrativas). **Água viva**, v. 3, n. 3, 2018. Disponível em: https://periodicos.unb.br/index.php/aguaviva/article/view/16875. Acesso em: 4 maio 2024.

a partir de agora. Para colocar em prática, em primeiro lugar separe papel e caneta para anotar cada passo a passo que faremos.

O objetivo é criar uma lista base que estará conectada à criatividade e à organização, para que você possa estudar com mais facilidade a partir de agora. Vamos lá!

Passo 1. No papel, faça uma lista numérica de 1 a 10, colocando cada um dos números um abaixo do outro na lateral esquerda da folha.

Passo 2. Coloque uma referência para cada um dos números que escreveu. Porém, existe uma regra para que isso dê certo: não podem ser referências comuns, muito cotidianas e banais. A ideia aqui é que você utilize a sua criatividade para que a lista esteja atrelada às emoções mais fortes que você tem dentro de si.

Por exemplo: na minha lista base, o número 1 é uma lança porque, dependendo da maneira como o número é desenhado, ele lembra muito esse objeto e pode ser usado com criatividade na técnica de memorização. O número 2 para mim é um pato, porque quando eu era criança utilizava esse número para desenhar o animal. O número 3, na minha lista, é uma montanha, porque esse número na horizontal se parece muito com isso. O número 4 é uma casa, porque é possível desenhar uma casa usando-o. E por aí vai. Conseguiu entender a lógica?

Separe um tempo para criar a sua lista base, lembrando, sempre que for memorizar algo, que ela é a lista original e não pode ser alterada. Faça com criatividade, pense em objetos que vão chamar a sua atenção e que podem ser usados de maneiras meio malucas partindo da técnica que aplicaremos agora.

Passo 3. Ao finalizar a lista, guarde-a para que possa usá-la na memorização. Como utilizar? Imagine que você tem alguns objetos em inglês que precisam ser memorizados. Nas minhas aulas, costumo pedir que os meus alunos criem uma lista de supermercado para decorar. O objetivo é que, na sua mente, você crie uma cena maluca com a lista original com os objetos que você escolheu.

Hora de aprender **169**

Considere que você precisa decorar "tapioca". Na minha lista base, tenho uma lança no número 1, então, para decorar, me imaginei segurando um pacote de tapioca na minha cozinha e furando-o com a lança para espalhar todo o conteúdo no ambiente, fazendo uma bagunça gigante. Criei algo meio maluco, adicionei emoção e todos os meus sentidos à brincadeira: visão, tato, paladar, olfato e audição. Fiquei com raiva da bagunça, imaginei o som do pacote sendo furado e a tapioca indo em todas as direções. É algo que vai me dar trabalho de limpar, vai me deixar cansada, então existe uma emoção por trás do exercício. Em resumo, será mais fácil de lembrar.

Com essa lógica, você pode ter listas de palavras, expressões ou qualquer outro tipo de conteúdo que esteja estudando em inglês. O que importa é colocar sempre esse conteúdo na mesma lista original e voltar para checar se você está decorando o que precisa.

Uma dica: ao fazer esse exercício com os meus alunos, é natural que no começo eles se lembrem de apenas cinco a sete itens, porém com o tempo isso vai melhorando. Outro fator que percebo é que algumas pessoas relatam dificuldade de memorizar. Contudo, quando pergunto das histórias que criaram, percebo que não adicionaram emoção e "maluquice" o suficiente para que o cérebro as memorizasse.

Use a sua criatividade e abuse dela. Chame todos os seus sentidos para participar do processo e não se preocupe se alguém achar "louco" o que você imaginou. Você não precisa contar para ninguém! Deixe de lado os receios, e tenho certeza de que essa técnica ajudará você.

OS SEIS PRINCÍPIOS DA BOA COMUNICAÇÃO

Talvez esta seja uma surpresa para você, talvez não, mas a verdade é que os falantes nativos de inglês também erram. Independentemente de qual seja o contexto, alguns erros na fala são comuns, e você precisa se acostumar com isso. Quer um exemplo?

Café e sorvete, em inglês, são considerados <u>incontáveis</u>. Assim, ao adicioná-los à comunicação, por regra não poderíamos utilizar unidades de medida, porém é muito comum ouvir *can I have a coffee*? (você poderia me dar um café?) ou *can I have an icecream?* (poderia me dar um sorvete?). Embora as palavras *a* e *an* (um, uma) sejam utilizadas para itens contáveis, a realidade é que nem sempre isso acontece na prática. Inclusive, é até comum que você também cometa esse erro enquanto fala, para que esteja mais bem-colocado nos contextos quando estiver nos Estados Unidos.

Esse é o inglês da vida real, como falamos no capítulo anterior. É um inglês abrangente. Para que você o coloque em prática, precisamos tratar de alguns fatores específicos que vão ajudar a partir de agora. Em seis princípios, independentemente de qual estágio você esteja no seu aprendizado de inglês, guarde essas informações e as coloque em prática para melhorar a sua fluência.

1. Cuidado com o rei da comunicação

O primeiro princípio a aprender é: o som precisa ser o principal ponto de cuidado durante a sua fala.

Veja algumas palavras e expressões que parecem ter sons parecidos, mas que são diferentes:
1. *Then* (Então) → *Them* (Eles)
2. *Third* (Terceiro) → *Turd* (Cocô)
3. *Rush* (Pressa) → *Hush* (Calma)

Mesmo que pareçam pequenas, essas diferenças mudam a comunicação e o que estamos tentando dizer. Entendê-las elevará a sua comunicação.

Hora de aprender

2. Use e abuse destas expressões

Ao ficar em um movimento constante de traduzir ao pé da letra aquilo que aprende, você acaba ignorando algumas expressões muito utilizadas em contextos estadunidenses e que fazem toda a diferença na fala. São elas:

a. Used to

Ao utilizar o pretérito imperfeito em português, ou seja, expressões no passado terminadas em "ava" ou "ia", como "falava" e "fazia", não foque tanto os verbos em inglês terminados em "ed" e comece a utilizar a expressão *used to*. Se você estiver descrevendo hábitos no passado, coloque o *used to* na sua fala e você verá muito essa expressão em falas de nativos. Exemplo: Eu trabalhava em São Paulo = *I used to work in São Paulo*.

Aqui cabe um exercício do LEGO approach, hein? Que tal tentar?

b. Wish

Costumamos traduzir *wish* como "desejar", quando, na realidade, ele é utilizado para falar algo que se gostaria muito de fazer. Essa é uma ação contraintuitiva que você precisa mudar a partir de agora. Por exemplo: Está muito calor! Queria muito uma piscina agora = *It's really hot today. I wish I had a pool now*. Se você colocar na sua cabeça que a tradução de *wish* é "queria", vai utilizar essa expressão muito mais vezes.

3. Verbos ou *phrasal verbs*

Sei que esta pode parecer besteira, mas estamos muito acostumados a aprender apenas os verbos base e poucos *phrasal verbs*, que são as expressões que representam ações. Na fala, os nativos usam muitos *phrasal verbs*, então você precisa ter isso em mente.

Pensando nisso, separei alguns para que você tenha na ponta da língua e inclua esse tema nos seus estudos para que esteja mais bem-preparado na hora de conversar com um falante nativo.

1. *Go on* (continuar)
2. *Ask for* (pedir)
3. *Look after* (procurar)
4. *Get up* (levantar-se)
5. *Give up* (desistir)
6. *Hold on* (esperar, aguardar)
7. *Pick up* (buscar – algo ou alguém)
8. *Work out* (exercitar-se)

4. Parece impossível aprender, mas não é

Assuntos polêmicos nas aulas de inglês, o *present perfect* e o *present perfect continuous* são fundamentais para falar com naturalidade usando o que os nativos certamente usarão. Essas estruturas, que tratam de ações do passado que estão ainda acontecendo e não foram finalizadas, costumam ser vistas como complicadas pelos alunos e em muitos momentos são negligenciadas, porém a necessidade de aprender e simplificar esse processo é gigante.

Sem ficar pensando em muitas regras, mas, sim, em contextos, use essas estruturas fazendo equivalências com o português. Note como fica simples: quando quiser dizer "eu já", "você já", "ele já", use a estrutura de *present perfect*.

Por exemplo:

Eu já fui ao Japão. → *I have been to Japan.*
Eu já lavei a louça. → *I've washed the dishes.*
Ele já se exercitou. → *He's worked out.*
Eles já fizeram a pergunta. → *They've asked the question.*

Quando quiser dizer "eu nunca", "você nunca", "ele nunca", use a estrutura de *present perfect + never*.

Exemplos:

Eu nunca fui ao Japão. → *I have never been to Japan.*

Eu nunca lavei a louça. → *I've never washed the dishes.*

Ele nunca se exercitou. → *He's never worked out.*

Eles nunca fizeram a pergunta. → *They've never asked the question.*

Quando quiser dizer "eu acabei de", "você acabou de", "ele acabou de", use a estrutura de *present perfect + just*.

Exemplos:

I've just finished reading the book. → Eu acabei de terminar de ler o livro.

She's just arrived at the airport. → Ela acabou de chegar no aeroporto.

We've just started our vacation. → Nós acabamos de sair de férias.

They've just announced the results. → Eles acabaram de anunciar os resultados.

Quando quiser dizer que está fazendo algo há determinado tempo, use a estrutura de *present perfect continuous*.

Exemplos:

I've been reading this book for two hours. → Eu estou lendo este livro há duas horas.

She's been working at the company since 2010. → Ela trabalha na empresa desde 2010.

We've been traveling through Europe for a month. → Nós estamos viajando pela Europa há um mês.

They've been discussing the issue all morning. → Eles estão discutindo a questão desde a manhã.

Se você utilizar essas estruturas apenas nessas quatro situações, o jogo está ganho!

5. Reduções são tudo

Quando estamos aprendendo inglês, muitas vezes deixamos de lado as expressões reduzidas, que são fundamentais na fala. Por exemplo: estadunidenses muito raramente vão falar *I'm going to have lunch* (eu vou almoçar). Na realidade, existem grandes chances de você ouvir *I'm gonna have lunch*. Essa mudança da estrutura (*going to = gonna*) é uma redução. Por isso, você precisa ter essas reduções no seu vocabulário para falar melhor.

Veja alguns exemplos para que você já coloque esse assunto no seu radar. Veja:

1. Going to = gonna
2. Go to = gotta
3. Want to = Wanna
4. Give me = Gimme
5. Kind of = Kinda
6. Out of = Outta

6. Com sotaque ou sem?

Ter sotaque é normal. Por não sermos nativos, o sotaque está e estará conosco, do mesmo modo que outros estrangeiros que não são nativos dos Estados Unidos têm sotaque para falar conforme a própria língua. A realidade, contudo, é que reduzir o sotaque foi um processo fundamental para que eu pudesse falar melhor o inglês, então guarde essa informação para melhorar o seu aprendizado. Tirar um pouco do sotaque que temos faz que a fala fique fluida, natural, e por isso seja mais bem compreendida pelas pessoas com as quais estamos conversando.

Um jeito muito simples de fazer isso é ouvir músicas e cantar seguindo o ritmo e a letra. Ao fazer isso, você diminui os ruídos da fala e aprende mais o inglês e a maneira como ele é falado na vida real. Separe um tempo para fazer isso e perceba como ficará muito mais simples ouvir inglês e falar com fluência.

FALAR COM NATURALIDADE VEM COM O TEMPO.

@TIADOINGLES

Para fecharmos, vale reforçar que separei aqui a parte mais prática de como melhorar o seu inglês e dar naturalidade para as suas conversas. Caso você ainda esteja em um nível básico ou iniciante, volte a este capítulo depois que estiver com mais conteúdos na ponta da língua, para que possa estudar mais.

Falar com naturalidade vem com o tempo. Ao colocar em prática tudo o que viu aqui, você estará com certeza um passo mais perto desse feito. Aproveite!

COMO NORMALMENTE ALUNOS BRASILEIROS DIZEM CERTAS FRASES E COMO DEVERIAM DIZER

Agora vamos listar os quinze erros comuns de alunos brasileiros, para você possa evitá-los.

1º erro: Eu estou com dúvida/Eu tenho uma dúvida.
Em vez de dizer: *I have a doubt*, use *I have a question*.
A palavra *doubt* não é empregada quando desejamos realizar uma pergunta em busca de uma resposta. Nesse caso, a palavra correta é *question*. *Doubt* é mais usada para transmitir a noção de incerteza geral, que não exige uma resposta específica ou uma ponderação.

2º erro: usar *actually* para dizer "atualmente".
Incorreto: *I'm living in Brazil actually.*
Correto: *I'm currently living in Brazil.*
Explicação: *actually* significa "real" ou "fato", enquanto *currently* ou *at the moment* são usados para se referir a algo que está acontecendo no presente.

3º erro: confundir *pretend* com *intend*.

Incorreto: *I pretend to study English.*

Correto: *I intend to study English.*

Explicação: *pretend* significa fingir, enquanto *intend* é usado no sentido de ter a intenção de algo.

4º erro: usar *have* em vez de *there is/there are* para indicar existência.

Incorreto: *Have many people here.*

Correto: *There are many people here.*

Explicação: use *there is* para singular e *there are* para plural quando quiser indicar a existência de algo ou alguém em determinado lugar.

5º erro: confundir *to assist* com *to attend*.

Incorreto: *I will assist the meeting.*

Correto: *I will attend the meeting.*

Explicação: *to assist* significa ajudar, enquanto *to attend* é utilizado com o significado de participar ou comparecer a eventos, reuniões etc.

6º erro: traduzir literalmente a estrutura "ter que" como *to have that*.

Incorreto: *I have that study today.*

Correto: *I have to study today.*

Explicação: a expressão *have to* é usada para indicar necessidade ou obrigação, sem precisar usar a palavra *that* na frase.

7º erro: traduzir literalmente a estrutura "eu tenho X anos de idade" usando o verbo *have*.

Incorreto: *I have 40 years old.*

Correto: *I am 40 years old.*

Explicação: em inglês, a expressão "ter X anos de idade" sempre recebe o verbo *to be*.

8º erro: usar o *present simple* para falar de ações que começaram no passado e continuam no presente.

Incorreto: *I live in Canada since 2020.*

Correto: *I have been living in Canada since 2020.*

Explicação: em inglês, quando se fala de ações que começaram no passado e ainda estão em andamento, utiliza-se o *present perfect continuous* (*have been* + gerúndio), especialmente com expressões de tempo, como *since*.

9º erro: traduzir "conhecer" como *to know* em contextos que querem dizer visitar ou ter ido a algum lugar.

Incorreto: *Do you know the United States?*

Correto: *Have you been to the United States?*

Explicação: *to know* é usado para conhecimento ou informação. *Have you been to...* é mais apropriado para perguntar se alguém já visitou um lugar.

10º erro: usar *said me* em vez de *told me*.

Incorreto: *He said me.* Ou: *She said me.*

Correto: *He told me.* Ou: *She told me.*

Explicação: *to tell* é o verbo correto quando se transmite uma informação diretamente a alguém e deve ser seguido por um objeto indireto (*me, you, him...*). *To say* é usado para indicar o ato de falar e, em geral, não é seguido diretamente por um objeto indireto – pode-se usar *to say something to somebody*.

11º erro: usar *to go to the shopping* para expressar a ideia de ir ao shopping.

Incorreto: *I like to go to the shopping.*

Correto: *I like to go shopping.* Ou: *I like to go to the mall/shopping center.*

Explicação: *to go shopping* é a expressão correta para o ato de fazer compras. *To go to the mall* ou *to go to the shopping center* são formas corretas de dizer que se vai a um centro comercial específico.

12º erro: omitir o *to* depois do verbo *need* quando seguido por outro verbo.

Incorreto: *I need study*. Ou: *I need go*.

Correto: *I need to study*. Ou: *I need to go*.

Explicação: em inglês, quando um verbo segue outro verbo, o segundo costuma aparecer na forma infinitiva, o que significa que é precedido por *to*. Isso é especialmente verdadeiro depois do verbo *need*.

13º erro: usar *of* em vez de *on* depois de *depends*.

Incorreto: *It depends of you*.

Correto: *It depends on you*.

Explicação: a expressão correta é *depend on* quando se quer indicar que algo está condicionado ou depende de outra coisa ou pessoa.

14º erro: traduzir literalmente a expressão "passar por uma situação" como *passed for*.

Incorreto: *I passed for this situation*.

Correto: *I went through this situation*.

Explicação: a expressão *to go through something* é usada para descrever a experiência de enfrentar ou passar por uma situação ou período difícil.

15º erro: usar *is it possible to...*, e não o verbo *can* ou *could*.

Incorreto: *Is it possible to pass the salt?*

Correto: *Could/Can you pass the salt, please?*

Explicação: *Could you pass..., please?* é uma maneira educada e direta de pedir que algo seja passado a você. *Is it possible to...* não é mais educado nem mais elegante do que *can* ou *could*.

CHAPTER TEN

AUTOCUIDADO COMO FONTE DE APRENDIZADO

Acredito que a neurociência e a programação neurolinguística (PNL) tenham transformado a minha vida de uma maneira muito positiva. Hoje eu sei quem sou, gosto de quem me transformei e sei qual espaço ocupo no mundo. Essa foi uma mudança que aconteceu não apenas na minha vida pessoal, mas também nas minhas finanças, na minha saúde e nos meus relacionamentos. Foi uma mudança de autocuidado comigo mesma em todas as áreas da vida.

Com base no que aprendi, mudei a minha maneira de ensinar, de trabalhar e de enxergar as pessoas, incluindo os meus alunos. Entendi que o modo como nos relacionamos com nós mesmos afeta todos os nossos resultados, mas essa mudança só aconteceu porque eu me coloquei à disposição de um pensamento diferente.

A autora best-seller e psicóloga estadunidense Carol Dweck fala exatamente sobre isso. No livro *Mindset*, ela conta que sempre teve uma curiosidade peculiar sobre o motivo pelo qual algumas pessoas alcançavam o sucesso e outras não. Se duas pessoas faziam as mesmas aulas e os mesmos cursos, por qual motivo os resultados delas eram diferentes? Com essa e muitas outras perguntas, Dweck investigou esse funcionamento e chegou à conclusão de que, em geral, existem dois tipos de mentalidade: a fixa e a de crescimento.[55]

Vale reforçar que não existe rigidez nessa definição. Caso uma pessoa tenha a mentalidade fixa para alguns aspectos, ela pode ter uma mentalidade de crescimento para outros. E o oposto vale também.

---

[55] DWECK, C. **Mindset**: a nova psicologia do sucesso. São Paulo: Objetiva, 2017.

O que importa é entender que essa mentalidade fixa nos diz que temos que ser perfeitos para não ficar para trás, que ela só se importa com a linha de chegada, com o sucesso e com as medalhas de ouro que receberemos. A mentalidade fixa prega que os erros são inadmissíveis e devem ser evitados a qualquer custo, por isso as pessoas que têm maior nível de mentalidade fixa sofrem com o aprendizado, porque ele as coloca em uma posição de vulnerabilidade. A mentalidade fixa é uma armadura do perfeccionismo, é uma mentalidade que aprisiona.

Já a mentalidade de crescimento demonstra uma atitude diferente entre resultado e esforço. Por exemplo, para quem tem mentalidade de crescimento é mais fácil entender que, para ser um bom nadador, você precisa treinar diariamente. Para ser uma boa confeiteira, você precisa buscar aprimoramento. Para ser fluente em inglês, você precisa estudar e ter disciplina. É uma atitude que associa as habilidades com o esforço que será feito em vez de olhar apenas para o resultado.

> *Esse mindset de crescimento se baseia na crença de que você é capaz de cultivar suas qualidades básicas por meio de seus próprios esforços. Embora as pessoas possam diferir umas das outras de muitas maneiras – em seus talentos e aptidões iniciais, interesse ou temperamentos –, cada um de nós é capaz de se modificar e se desenvolver por meio do esforço e da experiência.*[56]

Isso não significa que você não vai fracassar. Dweck indica que "Mesmo no mindset de crescimento o fracasso pode ser uma experiência penosa. Mas ela não nos define. É um problema que tem de

---

[56] DWECK, C. *op cit.*

ser enfrentado e tratado, e dele se devem extrair ensinamentos".[57] Perceba que todos somos vulneráveis, e no aprendizado isso fica ainda mais claro.

Na minha jornada, escolhi adotar a mentalidade de crescimento para mudar a maneira como eu vivia. Se você deseja que a sua caminhada seja mais leve, sugiro que também utilize a mentalidade de crescimento, não se privando de erros e buscando melhorar um pouco todos os dias. Escolher essa jornada é uma das maneiras de autocuidado que precisamos ter, e isso passa também por alguns outros pilares sobre os quais falaremos aqui.

UM ESTADO DIFERENTE

Perdemos a capacidade de ficar desestimulados. Com tecnologia, internet, redes sociais, programas de televisão, séries, filmes, propagandas e tudo o que está presente no nosso dia a dia, acabamos entrando em um processo de liberação constante de dopamina, então o cérebro fica energizado praticamente o tempo todo.

Faça um experimento: tente ficar 20 minutos sem usar o celular, sem escutar música, assistir a algo ou ler um livro. Permaneça 20 minutos sentado, quieto, sem fazer absolutamente nada. É muito inquietante. Isso acontece porque estamos viciados em estímulos, e para a aprendizagem esse processo é prejudicial.

Outra consequência comum do estado constante de estímulo é o efeito negativo no sono. Dormir bem é um dos pilares do autocuidado pelo simples fato de que de nada adianta cuidar da alimentação, da saúde e praticar atividade física se você não dormir bem e completar o ciclo para ter disposição para estudar melhor. Dormir bem é

---

[57] DWECK, C. *op. cit.*

se recuperar, é deixar que o seu cérebro entre em homeostase e faça o "curativo" para que todo o estímulo recebido não seja tão prejudicial para a saúde. Sono e aprendizagem estão intimamente ligados.

Em um estudo publicado na revista científica *Journal of Neuroscience*, pesquisadores analisaram com ressonâncias magnéticas 134 voluntários saudáveis com idades entre 19 anos e 39 anos para verificar quais são os danos da privação de sono. Como resultado, os cientistas descobriram que a privação total de sono afeta a idade cerebral, gerando envelhecimento precoce; porém, isso pode ser revertido depois de uma boa noite de sono para recuperar os danos.[58] Quem não dorme bem não estuda bem, não aprende nem retém o conhecimento.

Então, é fato que dormir pouco ou mal pode afetar o aprendizado,[59] e um dos melhores remédios para o cérebro que está aprendendo é deixá-lo em estado de ócio com a prevalência de ondas alfa, conhecidas também como estado relaxado de vigília. É uma condição em que os batimentos cardíacos estão relaxados, a respiração fica constante e as ondas cerebrais se tornam sincronizadas para manter a mente concentrada e pronta para aprender.[60] Esse é o estado que você quer, para poder estudar de modo efetivo.

---

[58] FORATO, F. Estudo revela mudanças no cérebro de quem fica 24 horas sem dormir. **CanalTech**, 7 mar. 2023. Disponível em: https://canaltech.com.br/saude/estudo-revela-mudancas-no-cerebro-de-quem-fica-24-horas-sem-dormir-242242. Acesso em: 13 fev. 2024.

[59] CENSUPEG. Qual a importância do sono para o aprendizado? **Blog Censupeg**, 2021. Disponível em: https://www.censupeg.com.br/blog/posts/qual-a-importancia-do-sono-para-o-aprendizado. Acesso em: 14 fev. 2024.

[60] DIÁRIO DA SAÚDE. Ondas alfa fecham cérebro contra distrações. **Diário da Saúde**, 18 out. 2012. Disponível em: https://www.diariodasaude.com.br/news.php?article=ondas-alfa-fecham-cerebro-contra-distracoes&id=8262. Acesso em: 13 fev. 2024.

1. Sono: o guardião do aprendizado

É preciso dormir bem e na medida certa. Com isso, é um grande mito dizer que existem pessoas noturnas e diurnas.[61] Por mais que exista uma diferença de cronotipo, que é o comportamento do sono em relação ao ciclo solar, e desempenho durante o dia e a noite, seres humanos foram feitos para funcionar de acordo com a variação do Sol, isto é, ficar acordados durante o dia e dormir durante a noite. Então chega desse papo furado de que você precisa ficar acordado durante a noite para funcionar melhor.

Para melhorar o sono, é preciso estabelecer uma rotina de higiene do sono e incorporar pelo menos algumas das práticas listadas a seguir.

- Não utilize telas por pelo menos 30 minutos antes de dormir.
- Crie um ambiente agradável para o sono, como um quarto escuro e silencioso.
- Pratique atividades físicas regulares, porque elas ajudam a reduzir a insônia e melhoram a duração do sono profundo.
- Evite consumir cafeína e álcool perto do horário de ir para a cama.
- Coma coisas leves antes de dormir.
- Estabeleça uma rotina de sono consistente, ou seja, tenha um horário definido para ir para a cama.[62]

Lembre-se: existem coisas que só você pode fazer por si. Ninguém pode descansar por você nem estabelecer quanto estímulo

---

[61] MELLIS, F. Entenda por que trocar o dia pela noite não faz de você uma pessoa "noturna". **R7**, 26 maio 2023. Disponível em: https://noticias.r7.com/saude/entenda-por-que-trocar-o-dia-pela-noite-nao-faz-de-voce-uma-pessoa-noturna-26052023. Acesso em: 14 fev. 2024.

[62] HOLY SOUP. Higiene do sono: o que é e como fazer. **Holy Soup**, 24 ago. 2023. Disponível em: https://holysoup.com.br/blogs/blog/qual-a-relacao-entre-o-acucar-e-a-insonia?gad_source=1&gclid=Cj0KCQiA5rGuBhCnARIsAN11v-gTDgd_8mSDSP8xRWWDOVfJr16L2NjhJ-RzuRYH0iPttSXUzyJYs-j8aAqA-gEALw_wcB. Acesso em: 14 fev. 2024.

você consome todos os dias. Estabeleça limites e inclua práticas saudáveis para melhorar o seu sono. Quem dorme bem aprende mais!

2. Mindfulness

Não culpe o seu cérebro por ser uma máquina de pensar e desempenhar a função natural que ele nasceu para ter. Se você tem muitos pensamentos e está com dificuldade de concentração, é bem provável que esteja em um processo constante de estímulos e precise entrar em ondas alfa.

Para ajudar nesse processo, pare por um minuto, feche os olhos e se concentre na sua respiração. Programe um timer e preste atenção apenas na sua respiração, no ar que entra e sai. Silencie a sua mente aos poucos e perceba o presente. Utilize essa técnica de mindfulness para ajudar o seu cérebro a focar o que importa.

Fazer esse exercício é como olhar para o próprio cérebro, que tem diversos feixes de luz que representam a atenção, e pedir que ele coloque todos os feixes de luz em um só lugar, que é o conteúdo que você estudará. É um exercício tão poderoso que pode ser utilizado também antes de dormir ou em outros momentos em que você precisa acalmar a sua mente.

3. Som ambiente

Como prática complementar, você também pode procurar uma playlist de músicas que o ajudará a entrar nesse processo de ondas alfa, deixando a música em um volume mais baixo, para ajudar na concentração. Diversos aplicativos e sites oferecem inúmeras possibilidades. O mais importante é testar a adaptação e checar se funciona com você e se sente que está auxiliando os seus estudos.

Cuidar desses pilares é ter autocuidado e entender que estudar inglês vai muito além de apenas utilizar o material da apostila, sentar-se de modo confortável e tentar decorar o conteúdo. O aprendizado de inglês passa por inúmeros fatores, e você precisa cuidar de cada um deles para alcançar os seus objetivos.

MUITO ALÉM DA MOTIVAÇÃO

Para fecharmos esse espaço de autocuidado, quero mostrar a você como motivação e disciplina podem desempenhar papéis diferentes na sua rotina de estudos. Então pare e pense: quantas metas você já criou e não seguiu em frente até a realização? Quantas você realizou e como se sentiu com isso?

Segundo um levantamento feito pela revista *Forbes Health* em parceria com a One Poll, empresa internacional de pesquisa, apenas 10% das pessoas persistem nas metas que criam para o próximo ano.[63] Eu quero que você faça parte dessa estatística. Lembre-se de todos os momentos em que você atingiu as suas metas e qual foi a sensação de felicidade que sentiu. Esse é o estado no qual quero ver você saindo daqui. E não estou falando apenas do aprendizado de inglês, e sim em relação a todas as mudanças de hábito que vimos ao longo deste livro.

Aprender passa pelo ato de mudar e, para que isso aconteça com efetividade, sem que você desista no meio do caminho, é preciso ter motivação e disciplina, que são características complementares e com papéis absolutamente diferentes. Pense comigo: se você perguntasse agora para o seu cérebro se ele prefere uma pizza cheia de queijo bem quentinha ou um prato saudável com proteína, carboidrato e fibras, o que você acha que ele responderia?

---

[63] A MAIORIA das pessoas não atinge as metas de ano novo; veja como fazer diferente. **Forbes**, 26 dez. 2023. Disponível em: https://forbes.com.br/carreira/2023/12/a-maioria-das-pessoas-nao-atinge-as-metas-de-ano-novo-veja-como-fazer-diferente. Acesso em: 14 fev. 2024.

Considerando que o cérebro sempre procura a economia de energia e a maior ingestão calórica para garantir a sobrevivência, ele provavelmente prefeririria a pizza, que é uma comida confortável que gera prazer momentâneo e garante energia e gordura para o corpo. O cérebro sempre preferirá o caminho mais fácil. Estudar ou descansar? Com certeza, descansar. Uma hora de atividade física ou uma hora assistindo a uma série? O tempo de tela prevalecerá.

Não existe cenário no qual você acorda todos os dias com vontade de aprender inglês. Em vez disso, você precisará fazer o que precisa ser feito. Ponto-final. A disciplina é o que levará você aos lugares aos quais a motivação não levará. A motivação será o seu porquê, os motivos pelos quais você escolheu estudar inglês, o seu motivo para ação. Se você não se lembra desse porquê, sugiro que volte à página 158 e olhe o que deixou lá. Anote no espelho ou em um lugar de fácil visualização para que você nunca se esqueça disso. Contudo, além da motivação, é preciso ter disciplina para se manter firme na jornada.

Ao ver a sua evolução, você sentirá que está no caminho certo e que o esforço que está colocando no seu aprendizado – tendo como princípio a mentalidade de crescimento – trará recompensas no fim do percurso. Por esse motivo, os passos são tão necessários, já que estabelecem um ponto de partida, um percurso que faz sentido e uma linha de chegada para que você saiba que está no lugar certo.

Defina pequenas metas e celebre cada conquista. Assim, você verá que evoluiu e atingirá os seus objetivos. E nada melhor para ajudar na reta final do nosso percurso do que um desafio que o motivará ainda mais a seguir em frente. Vamos lá?

Preparei um desafio para este momento!

⊙ EXERCÍCIO: DESAFIO DE 21 DIAS

Está pronto para embarcar em uma jornada que vai transformar o seu cérebro em uma máquina de falar inglês? Apresento-lhe o desafio "Um pouquinho todo dia": 21 dias de imersão total em que o mínimo esforço encontra o máximo resultado. Por que 21 dias? Bem, esse é o tempo mínimo de que o seu cérebro precisa para adotar um novo hábito – tipo atualizar o software para a versão "Inglês Fluente 1.0".

A missão

Todos os dias, por 21 dias sem pausas, você vai gravar um vídeo respondendo a uma pergunta simples em inglês. Sim, você leu certo. Gravar. Em vídeo. Em inglês. Pode parecer assustador, mas lembre-se: até o mais valente dos cavaleiros precisou de rodinhas na primeira bicicleta.

Se você é iniciante, sinta-se à vontade para usar dicionários ou qualquer outra "rodinha auxiliar" que precisar. O importante é manter a roda girando!

Recompensas divinas

Depois de cada missão diária cumprida, você deve se recompensar. Recomendo um pedacinho de chocolate – pequeno, mas poderoso o suficiente para dar aquele *boost* de dopamina e fazer o seu cérebro dizer "Uau, falar inglês é melhor do que eu pensava!". Essa é a sua poção mágica de encorajamento. Use-a com sabedoria.

O tesouro escondido

Ao final dos 21 dias, você não só terá melhorado significativamente o seu inglês como também desenvolvido a confiança. Experimente rever o primeiro vídeo quando já estiver no dia 21. Você terá medida e feedback nas mãos, e isso é ouro para a aprendizagem acelerada.

O desafio

Pronto para conhecer as perguntas que vão guiar você nesta jornada? Aqui estão elas, acompanhadas da tradução, para que você saiba o que está enfrentando.

Day 1: *What's your favorite book and why?*
→ Dia 1: Qual é o seu livro favorito e por quê?

Day 2: *Describe your dream vacation.*
→ Dia 2: Descreva as suas férias dos sonhos.

Day 3: *What do you do to relax?*
→ Dia 3: O que você faz para relaxar?

Day 4: *What's your favorite childhood memory?*
→ Dia 4: Qual é a sua memória favorita da infância?

Day 5: *If you could have any superpower, what would it be?*
→ Dia 5: Se você pudesse ter qualquer superpoder, qual seria?

Day 6: *What's your favorite movie and why?*
→ Dia 6: Qual é o seu filme favorito e por quê?

Day 7: *What's a skill you'd like to learn and why?*
→ Dia 7: Qual habilidade você gostaria de aprender e por quê?

Day 8: *Who do you admire the most and why?*
→ Dia 8: Quem você mais admira e por quê?

Day 9: *What's your favorite food and how is it made?*
→ Dia 9: Qual é a sua comida favorita e como ela é feita?

Day 10: *What movie has influenced you the most?*
→ Dia 10: Qual filme mais influenciou você?

Day 11: *If you could visit any country in the world, where would you go?*
→ Dia 11: Se você pudesse visitar qualquer país do mundo, qual seria?

Day 12: *What's something you're proud of?*
→ Dia 12: Do que você se orgulha?

Day 13: *What's a memory you have from school?*
→ Dia 13: Qual é uma lembrança que você tem da escola?

Day 14: *If you could have dinner with any person, alive or dead, who would it be?*
→ Dia 14: Se você pudesse jantar com qualquer pessoa, viva ou morta, quem seria?

Day 15: *What's your biggest dream?*
→ Dia 15: Qual é o seu maior sonho?

Day 16: *Describe your favorite place in the world.*
→ Dia 16: Descreva o seu lugar favorito no mundo.

Day 17: *What does happiness mean to you?*
→ Dia 17: O que a felicidade significa para você?

Day 18: *What's a challenge you've overcome?*
→ Dia 18: Qual foi um desafio que você superou?

Day 19: *If you could learn one thing instantly, what would it be?*
→ Dia 19: Se você pudesse aprender uma coisa instantaneamente, o que seria?

Day 20: *What's the most important lesson you've learned in life?*
→ Dia 20: Qual foi a lição mais importante que você aprendeu na vida?

Day 21: *Describe your perfect day.*
→ Dia 21: Descreva o seu dia perfeito.

E aí, está pronto? Lembre-se: o objetivo é se divertir e aprender ao mesmo tempo. A cada dia, a cada vídeo, você estará um passo mais perto de se tornar fluente em inglês. Pegue a sua câmera, os seus dicionários... e que a força do chocolate esteja com você!

CHAPTER ELEVEN
TENHA CORAGEM

Por muitos anos, eu achei que coragem, autoestima, autoconfiança e inteligência eram características inatas aos seres humanos. Era preciso nascer com a propensão a ter uma autoestima elevada, nascer com autoconfiança, inteligência e coragem. Carreguei isso comigo até que algo aconteceu e precisei repensar todas as minhas crenças.

Durante muitos anos, estive em um relacionamento tóxico, e o fim dele me fez perceber que eu havia perdido a pessoa mais importante da minha vida: eu mesma. Um dos dias mais tristes que já vivi foi quando fiquei sozinha em casa pela primeira vez depois que o relacionamento acabou e decidi que queria ouvir uma música para tentar entender os meus sentimentos. Quando tentei colocar algo para tocar, não consegui. Simplesmente não lembrava do que eu gostava e fiquei 40 minutos tentando descobrir o que queria ouvir naquele momento. A verdade era que eu havia me esquecido de quem eu era. Havia me perdido, me deixado de lado. E precisava me reencontrar.

Nesse processo, precisei desenvolver autoestima, autoconfiança e coragem. Precisei reencontrar o meu autoamor. Como é possível fazer isso? Olhava no espelho e não sabia mais quem eu era. Ficava me perguntando sinceramente como poderia ter essas habilidades na minha vida para que pudesse me sentir melhor e seguir em frente. Por muitos dias, não encontrei respostas. Todos os meus amigos diziam que eu precisava me amar, que precisava ter mais autoestima, mas eu não sabia na prática como fazer isso. Queria que alguém me desse um exercício que me fizesse ter coragem para seguir em frente.

Foi assim que estudei sobre o poder da autossugestão, que é o ato de falar coisas para si com o objetivo de mudar comportamentos, e decidi colocar em prática. Escrevi em um pedaço de papel e colei no espelho do banheiro: "Marcela, eu te amo. O que posso fazer para você ser feliz hoje?". E foi assim que, nos seis meses seguintes, com muita disciplina, eu acordava, ia até o banheiro, lia aquela frase para mim mesma e respondia o que faria por mim e para me fazer feliz naquele dia. Era um exercício de autocuidado, algo que me ajudava a recuperar o amor que deveria sentir por mim mesma. Esse foi o início da minha cura interna.

Este capítulo que fala sobre coragem não poderia estar mais alinhado com esse momento de trevas e luz que vivi. Consegui sair do relacionamento que não me fazia bem, consegui me reencontrar, me amar e ter mais autoestima e autoconfiança. Desenvolvi coragem! Como? Com o poder das palavras. Quero que você se lembre sempre de que *what you say to yourself matters* (o que você fala para si importa). Palavras são cura e maldição; elas têm o poder de elevar e rebaixar, e é justamente por isso que você precisa refletir sobre o que você tem falado para si.

O PODER DA ÁGUA

O empresário e escritor japonês Masaru Emoto fez um estudo para verificar o comportamento da água proveniente de variadas fontes com base no formato que tinha ao ser congelada. Como a água é instável e muda rapidamente de forma, o objetivo era descobrir como os cristais se formariam de determinados estímulos externos, ou seja, qual imagem formariam considerando esses estímulos.[64]

---

[64] DOCUMENTÁRIO o poder da água completo dublado Dr Massaru Emoto. 2020. Vídeo (35min46s). Publicado pelo canal Marcos Dutra. Disponível em: https://www.youtube.com/watch?v=vwB0f5BEx4M. Acesso em: 13 fev. 2024.

Em linhas mais práticas, Emoto primeiro testou a água da torneira do Japão em comparação à água proveniente de fontes naturais. Quando congelada, a água da torneira não formava cristais, mas a água de fontes naturais, sim. Depois, resolveu testar outra teoria. Pensando no poder das palavras, utilizou água destilada em pequenas garrafas nas quais colou palavras para verificar a influência que elas teriam sobre a formação de cristais. Amor, ódio, gratidão, obrigada e raiva foram alguns dos termos que Emoto utilizou no experimento.

A água das garrafas que continham palavras positivas coladas formou cristais maravilhosos, enquanto a água que estava com palavras negativas formou imagens distorcidas e caóticas. O que mais me chocou, no entanto, é que partindo do estudo de Emoto foi possível perceber que depois do tratamento adequado e da exposição a palavras positivas até mesmo a água que estava contaminada poderia voltar ao formato original e puro e formar cristais magníficos.

Se somos feitos de aproximadamente 70% de moléculas de água,[65] como estamos influenciando essas moléculas no nosso corpo? Com amor e admiração? Com raiva e frustração? Não importa quanto mal você já fez para si ou o quanto já sentiu que o inglês não era para você. Não importa se já achou que não era capaz de aprender, se sempre achou que era burro e nunca conseguiria alcançar os seus sonhos nem viajar sozinho. A reprogramação dessas crenças começa agora, com o desenvolvimento da sua coragem de abandonar essas mentiras e começar a viver uma vida mais alinhada com os seus objetivos.

E digo mais: se você está em dúvida sobre o que estou dizendo, peço licença para parafrasear o meu mestre de programação neurolinguística. Ao iniciar o curso, uma das primeiras coisas que ele disse foi: "Aqui vou mostrar técnicas para vocês, e não estou pedindo que acre-

---

[65] É VERDADE que o nosso corpo tem 70% de água? **Universidade das Crianças**. Disponível em: https://www.universidadedascriancas.fae.ufmg.br/perguntas/e-verdade-que-o-nosso-corpo-tem-70-de-agua. Acesso em: 13 fev. 2024.

ditem em mim. Não é necessário acreditar. Basta aplicar e ver os resultados". É exatamente isto que quero que você faça: internalize tudo o que estou apresentando e aplique os exercícios para ver os resultados.

OS PRÓXIMOS PASSOS QUE MUDARÃO TUDO

Chegou a hora de ter coragem. Coragem para colocar em prática tudo o que aprendeu e fazer da técnica que viu aqui o seu guia para evoluir. Como? Usando alguns passos simples. Vamos lá!

Passo 1. Autossugestão

Escolha de qual maneira gostaria de fazer este exercício. Você pode colocar no espelho da sua casa ou separar um caderno bem bonito apenas para isso. Vamos lá?

Para criar frases de afirmações positivas e desenvolver coragem e autoconfiança, pense nas suas principais crenças negativas. Você pode escolher de acordo com os exemplos que darei a seguir ou criar as próprias frases. Tanto faz! O mais importante é que, assim como eu fiz no meu processo de cura, você leia diariamente o que escreveu e internalize essas palavras.

Exemplos:
— Eu sou corajoso, posso aprender inglês.
— Eu sou capaz.
— Eu posso, eu consigo.
— Eu sou dotado de inteligência, e o inglês é possível para mim.

Todos os dias, ao acordar, separe cinco minutos para ler todas as frases de afirmação positiva que você criou. Faça isso, feche os olhos e sinta a positividade dentro de você. Deixe que as palavras entrem na sua jornada e ajudem você a ter mais coragem para avançar.

Passo 2. Dessensibilização

Na psicologia e nas áreas que tratam da cura de traumas, costuma-se falar do processo de dessensibilização do objeto que está causando fobia. Por exemplo, para quem tem aracnofobia, que é o medo extremo de aranhas, a dessensibilização é feita da exposição e da aproximação gradual do objeto causador do medo, que é a aranha.

Quando falamos de inglês, muitas vezes aprender e falar a língua pode já ter gerado tantos gatilhos negativos que é preciso fazer uma dessensibilização do trauma para que se possa existir um caminho de melhora. Ao fazer o que vou propor, perceba como não existe fundamento para esse medo.

Isso pode ser algo natural para você. Pensando na dessensibilização, existem algumas alternativas que você deve testar.

1. Arena de conversação

Caso esteja fazendo um curso de inglês, você pode procurar entender se existe algum tipo de arena de conversação para testar o que está aprendendo. Na minha metodologia, proponho para os meus alunos um espaço livre de julgamento para que eles possam treinar o inglês sem ficar pensando no que podem ou não estar errado.

A proposta é falar sem sofrer correções, falar para entender o quanto se sabe e garantir que não existe nenhum bicho-papão nesse processo.

2. *Language partner*

Caso você esteja em um curso de inglês em que não há arena de conversação, a minha sugestão é que você encontre um *language partner* para treinar o que tem aprendido. Nesse caso, lembre-se de estabelecer regras antes de começar o exercício: o seu *language partner* não pode corrigir você. A autocorreção é a única permitida, para que você não libere cortisol no seu sistema e entre em um processo de esquecimento do que está aprendendo.

Caso o *language partner* sinta que existe a necessidade de mudar algo na sua fala, ele pode perguntar se você acha que faz sentido aquela correção e, com a sua permissão, ele pode fazer a correção. Assim, vocês entrarão em um processo de parceria, e não de competição. Treinar com um *language partner* é maravilhoso, desde que tudo esteja muito claro para que o exercício seja efetivo.

3. Faça uma viagem

Por fim, caso você já tenha um pouco mais de confiança e a possibilidade de fazer uma viagem para fora, essa é uma ótima oportunidade de dessensibilização para que você treine o seu inglês. Lembre-se de que todos erram, inclusive os gringos, então deixe o medo em casa, e na mala de viagem leve apenas a coragem e a autoconfiança que você já desenvolveu.

Com essas técnicas, e levando em conta cada uma das experiências, separe um momento para analisar tudo o que pode tirar de bom do que aconteceu. Se você participou de uma arena de conversação, viu que nada de ruim aconteceu e está tudo bem. Se conversou com o seu *language partner*, percebeu que sabe muito mais inglês do que imaginava e que é possível, sim, falar sem sentir medo. Se viajar, analise como até mesmo os perrengues podem ter sido legais e ótimos para a sua evolução. Isso é desenvolver e privilegiar a coragem na sua jornada!

Passo 3. Recompensa

Muitos alunos se esquecem de que de nada adianta colocar um enorme esforço em uma atividade se não houver recompensa ao se atingir os objetivos. Se você praticou tudo o que sugeri até agora e conseguiu realizar isso, estabeleça recompensas para que o seu cérebro entenda que ele está no caminho certo.

Você pode escolher qual é a melhor recompensa. Pode ser comer um pedaço de chocolate, sair para jantar, dar-se um momento de descanso, viajar, ver a família, brincar com os filhos, dormir até mais tarde. O que importa é que você celebre cada uma das suas conquistas a partir de agora. O que você vem fazendo que está dando certo? Celebre isso. O que conquistou até agora? Celebre isso. O que ainda gostaria de conquistar? Anote em algum lugar como celebrará ao conquistar.

Enquanto estava planejando o conteúdo deste capítulo, senti muito forte no meu coração a importância de criar um sistema de recompensas para que você possa celebrar cada um dos passos nesta jornada. Já considero você extremamente vitorioso por ter chegado até aqui.

Além de estabelecer as próprias recompensas para celebrar ao longo da sua jornada, quero deixar o meu presente por você ter se esforçado tanto. É a minha recompensa para a sua vitória e por tudo o que conquistou até agora, um *gift* (presente) que o ajudará ainda mais a destravar o que quer que pode estar prendendo o seu aprendizado de inglês.

Para acessar o presente, aponte a câmera do seu celular para o QR code a seguir ou digite o link no seu navegador.

https://tiadoingles.com.br/mals-ac/

Esse exercício é muito poderoso, e tenho certeza de que você está em um momento de muita emoção depois da realização dele. Fico muito feliz de termos chegado à etapa final da metodologia e ao processo mais importante de desenvolvimento de coragem para auxiliar o seu processo de aprendizado de inglês.

Como mensagem final deste capítulo, quero incentivar você a jamais desistir dos seus sonhos. Todos temos desafios. O que importa a partir de agora é como você encara cada um deles em direção aos seus objetivos. Não importa o que já aconteceu na sua vida, lembre-se de que você é grande, forte e corajoso. Guarde isso no seu coração!

CHAPTER TWELVE
MÃOS À OBRA!

Estamos na reta final do livro, e eu não poderia estar mais feliz por termos chegado tão longe. Para celebrar este momento, quero contar uma história que tive o privilégio de compartilhar com uma aluna e que acredito ser a mensagem perfeita para finalizarmos esta jornada juntos.

Há alguns anos, quando comecei a fazer as imersões de inglês, recebi uma aluna que tinha chegado até o curso por indicação. Ela tentou fazer aulas de inglês por anos, mas ainda não havia conseguido alcançar a fluência. Tinha medo de falar, achava que era inadequada, que o inglês dela era insuficiente e carregava muitas das crenças e dos traumas sobre os quais falamos ao longo deste livro. No curso, ela aproveitou cada segundo e cada conteúdo, e assim terminamos a imersão. Ela foi embora, eu também, e não nos falamos mais.

Na época, ela morava em Praia Grande e eu morava em Santos, cidades que ficam a aproximadamente 30 quilômetros de distância uma da outra. Além do trauma com o inglês, essa aluna carregava outras questões que eram muito importantes, como uma fobia que a impedia de dirigir havia mais de dez anos e o distanciamento do pai por problemas graves de relacionamento que ele tinha com a mãe dela.

Um belo dia, alguns meses depois do curso, enquanto dava aulas, a minha campainha tocou. Era uma quarta-feira à tarde, e ela bateu à minha porta com a chave do carro balançando entre os dedos. Fiquei assustada, perguntei se ela estava com o marido e ela disse que não, que tinha dirigido sozinha até Santos, pois queria me agradecer. Fiquei chocada, nos abraçamos e ela me contou que, depois de participar da imersão, percebeu que com as técnicas que eu havia ensinado, ela era capaz de fazer tudo o que quisesse. Se tinha conseguido vencer o medo de falar inglês, que achava ser a habilidade mais difícil da vida dela, poderia também dirigir. Se podia dirigir, percebeu que tinha também as ferramentas internas para mudar a história da própria família.

Contou que pegou a chave do carro, foi até a casa do pai e decidiu retomar aquela relação machucada. Antes, ela não conseguia pensar em perdoar o pai pelo que ele havia feito com a família, mas, com a programação neurolinguística e com as ferramentas adequadas da neurociência, era possível superar mais essa barreira na vida pessoal. Essa minha aluna percebeu que era capaz de tudo o que quisesse e foi até a minha escola, na época, para me agradecer por ter mudado tanto a vida dela.

Escrevo estas linhas com muitas lágrimas nos olhos. Este é um momento de muita emoção para mim. Falar com ela e com tantos outros alunos que vencem as travas e começam a falar inglês é algo que não tem preço. Ali, ao lado dela, agradeci, tomamos um café juntas e ela seguiu realizando tudo o que sempre sonhou.

Para mim, que estou ao seu lado neste momento, o que fica é: não é só o inglês. É você. Você pode ir mais longe do que pensa, e muito provavelmente está preso em um lugar com a chave do seu cárcere dentro do seu bolso. É bem possível que você tenha criado essa prisão ao seu redor. Por que não pegar essa chave, abrir a cela e viver o que sempre sonhou?

Aqui vimos programação neurolinguística (PNL) e aprendizagem acelerada, crenças limitantes e como se livrar delas, o que é fluência e quais são os sabotadores dela, bem como práticas de memorização, aprendizagem por relevância, multiplicação do que sabe, aprendizado da vida real e coragem. Tudo isso recheado com

Mãos à obra!

os mais poderosos conceitos e exercícios para que você destrave o seu inglês. Então este é o seu momento de se libertar.

Você está com a melhor oportunidade de todas, que é pegar a chave da sua prisão e falar para si mesmo que você pode, você consegue. Você é maior do que as suas crenças e os seus medos. É maior do que o seu trauma de falar inglês. É capaz de falar fluentemente, viajar sozinho, conversar com os seus netos, apresentar um projeto importante na empresa em que trabalha, fazer uma palestra. E tudo isso em inglês. Ao realizar essas conquistas, você não mudará só a sua vida, mas também a de todas as pessoas que estão ao seu redor. A sua voz precisa ser ouvida. Então não deixe que ninguém a cale.

A escritora best-seller e líder espiritual estadunidense Marianne Williamson é dona de uma citação que coroa tudo o que eu gostaria de falar para você neste momento.

> *Our deepest fear is not that we are inadequate.*
> *Our deepest fear is that we are powerful beyond measure.*
> *It is our light, not our darkness that most frightens us.*
> *We ask ourselves, "Who am I to be brilliant, gorgeous, talented, fabulous?"*
> *Actually, who are you not to be?*
> *You are a child of God. Your playing small does not serve the world.*
> *There is nothing enlightened about shrinking so that other people won't feel insecure around you.*
> *We are all meant to shine, as children do.*
> *We were born to make manifest the glory of God that is within us.*
> *It's not just in some of us; it's in everyone.*
> *And as we let our own light shine, we unconsciously give other*

people permission to do the same. As we are liberated from our own fear, our presence automatically liberates others.[66]

Em uma tradução autoral, peço licença para apresentar a minha versão dessas palavras.

> Nosso maior medo não é sermos inadequados.
> Nosso maior medo é não saber que nós somos poderosos além do que podemos imaginar.
> É a nossa luz, e não a nossa escuridão, que mais nos assusta.
> Nós nos perguntamos: "Quem sou eu para ser brilhante, lindo, talentoso, fabuloso?".
> Na verdade, quem é você para não ser?
> Você é um filho de Deus. Você, pensando pequeno, não ajuda o mundo.
> Não há nenhuma bondade em você se diminuir ou recuar para que os outros não se sintam inseguros ao seu redor.
> Todos nós fomos feitos para brilhar, como as crianças brilham.
> Nós nascemos para manifestar a glória de Deus dentro de nós.
> Isso não ocorre somente em alguns de nós, mas em todos.
> Enquanto permitimos que nossa luz brilhe, nós, inconscientemente, damos permissão aos outros para fazerem o mesmo.
> Quando nos libertamos do nosso próprio medo, a nossa presença automaticamente libertará outros.

---

[66] WILLIAMSON, M. **A return to love**: reflections on the principles of a course in miracles. Harper Perennial, 1996.

Esse é o poder do que você está construindo.

Você não tem mais tempo nem espaço para tentar se encaixar em caixinhas que não lhe servem. Não existe mais mundo no qual você precise viver com medo. Todos os seus sonhos – em relação ao aprendizado de inglês ou não – merecem ser realizados. Dar-se essa chance é também permitir-se viver com mais felicidade. É isso o que quero para você, e tenho certeza de que é isso que você também quer para si.

Espero que esta mensagem tenha tocado o seu coração e que você aplique tudo o vimos aqui. Quero receber um vídeo seu falando inglês com os seus netos, uma foto sua viajando sozinho ou um vídeo mostrando que você está aplicando as ferramentas. Quero que você prove para si que é grande e poderoso.

Esta jornada não acaba aqui. Então, *hands-on practice* (mãos à obra)!

A GIFT (UM PRESENTE)

Aponte a câmera do seu celular para o QR Code e acesse o curso gratuito de aprendizagem acelerada.